멀고도 먼 길

멀고도 먼 길

서재균 산문집

신아출판사

책머리에

그곳엔 작은 신들이 산다

내 고향.
앞산 너머 푸른 골짜기 숲엔
작은 신들이 산다.

질곡의 역사와 함께 산 할아버지와
열다섯 식구의 삶을 짊어졌던 아버지,
구수한 두부국 맛 할머니와 어머니.

당산 마루 늙은 소나무 밑에서
해마다 걸판지게 지냈던 산신제
산길 오르내리며 그때 생각에 산다.

어린 시절 그네뛰기 너무 좋아
진달래꽃 꺾어 머리에 꽂고,
들로 산으로 뛰어다니던 그 옛날.

풀벌레 소리 요란한 한낮의 음악회,
갈대꽃 활짝 피어 박자를 맞추고
하늘은 그렇게 파아란 바다로 간다.

이젠 그 멀고도 먼 여정 내려놓고
87년 밝고 어둡던 세월 마주보며
저물어가는 석양길에 서 있다.

지금까진 어떻게 살았나? 생각해 보니
영광도, 증오도, 기쁨도, 슬픔도
가는 시간만큼이나 쓸쓸하구나.

앞산 너머 푸른 골짜기
작은 신들이 사는 곳으로
나는 조금씩 조금씩 다가간다.

차례

2부 _ 훗날 누가 찾거든

3부 _ 내 문학의 길잡이

| 발문 |

1부

길

눌인의 『내 소년시절少年時節과 소』에 대한 회상

사방을 산이 빽 둘러쌌다. 시내가 아침의 해도 겨우 기어오르는 병풍 같은 덕유산(德裕山) 준령에서 흘러나와 동리 앞 남산 기슭을 씻고, 새벽달이 쉬어 넘는 강선대 밑을 휘몰아 나간다.

봄에는 남산에 진달래가 곱고, 여름에는 시냇가 버드나무숲이 깊고, 가을이면 멀리 적상산(赤裳山)에 새빨간 불꽃이 일고, 겨울이면 먼 산새가 동리로 눈보라를 피해 찾아온다.

나는 그 속에 한 소년이었다. 사발중우를 입고, 사철 맨발을 벗고 달음질로만 다녔기 때문에 발가락에 피가 마르는 때가 없었으나 아픈 줄을 몰랐다.

여울에서 징게미 뜨기와 덤불에서 멧새 잡기를 좋아하여 낮에는 늘 산과 내에서만 살았고, 밤에는 씨름판에서 날을 세웠다.

– 중략 –

– 〈내 소년시절과 소〉 중에서 (《조광》 3권 1호. 1937. 1. 1.)

그러니까 정확한 기억은 없지만, 아마 중학교 3학년 때쯤으로 생각이 난다.

국어시간이었다. 선생님이 다른 때와는 달리 교과서가 아닌 안 보던 책 한 권을 가지고 들어와 우리들에게 읽어주었다. 우리 반 아이들은 그 글 내용을 들으며 모두 감동을 받은 듯했다. 시골 아이들에게는 그 이야기가 마치 자기들의 고향과 같았기 때문이었다. 이 무렵엔 시골 아이들에게는 교과서 이외엔 시집이나 수필집 한 권, 소설책 한 권 구할 수 없었기 때문에 그 국어시간은 아이들에게 큰 충격이 아닐 수 없었다.

나는 그날 선생님에게 여러 가지 이야기를 물어봤던 것이 생각이 난다. 공부시간에 질문이라고는 한마디도 하지 못했던, 지극히 내성적인 나는 그때만큼은 부끄러움도 무릅쓰고 어떻게 용기를 냈었는지 모른다.

"이 글을 쓴 분이 누구며, 내용이 주로 어느 곳 이야기인지요?"

나의 이 같은 질문에 선생님도 당황했는지, 깜짝 놀라는 눈빛으로 나를 물끄러미 본 다음, 칠판에 작가, 눌인(訥人) 김환태(金煥泰), 제목 〈내 소년시절과 소〉라고 썼다.

선생님은 눌인에 대해 잘 알고 있었던 것으로 생각이 난다. 작가에 대해 자세한 설명을 해 주진 않았지만, 이분은 무주 출신이며 유명한 문학비평가로 널리 이름이 알려진 분이라고만 일러주었다.

이날 이후 나에게는 이상한 버릇 하나가 따개비처럼 내 가슴에 붙어 떨어지지를 않는다. 어떤 글이든 읽고 나면 반드시 이 글을 쓴 사람이 어느 곳, 누구인가에 대한 의문을 갖게 되었다.

그해가 가고 이듬해, 나는 대전사범학교로 진학을 하게 되었고, 우리를 맡게 될 선생님들도 알게 되었다. 그중에는 시인 한성기(韓性麒) 선생님과 소설가 권선근(權善根) 선생님을 만나면서 나의 마음속으로 문학에 대한 열정이 서서히 싹트고 있었음을 깨닫게 되었다. 얼마 후 나는 한성기 선생님에게 눌인 김환태 선생에 대한 이야기를 물었다. 그때 나는 깜짝 놀라지 않을 수가 없었다. 눌인은 이미 젊은 나이에 세상을 뜨고 안 계시다는 이야기를 들었기 때문이다.

한성기 선생님은 눌인 김환태 선생에 대해 자세히 이야기를 들려 주셨다.

"그러고 보니 너도 고향이 무주로구나. 눌인도 무주 출신이지. 무주 국민학교를 졸업하고 전주고보(전주중학교)에 입학했으나 일인 선생의 패악을 고발하고, 중도에 그만두고 귀향했지. 잠시 고향에 머물렀다가 서울의 보성고보(보성중학교) 2학년으로 편입, 1926년에 졸업했어. 이때 상급반에는 시인 이상李箱이 있었고, 김상용(金尙鎔)이 교사로 있었지. 그리고 이 학교를 졸업한 1928년에 교토(京都)에 있는 도시샤대학(同志社大

學) 예과에 입학하게 된 데에는 고향 친구들의 권유도 있었고, 그곳에는 고향이 충북(忠北) 옥천(沃川)인 정지용(鄭芝溶) 선생을 만날 수 있다는 기대감도 있었기 때문이었어. 아니나 다를까 신입생 입학식에서 두 사람은 극적인 상봉을 했고, 남다른 친교를 통해 한 사람은 시로, 한 사람은 문학비평으로 세상에 둘도 없는 훌륭한 작품을 쓰게 된 거지. 이때 정지용 선생은 〈향수〉와 〈압천〉으로 눌인을 놀라게 했고, 눌인은 지용의 그 시에 대해 감탄을 금치 못했어. 그의 시 세계에 대해 절대 정지용의 대표작이 될 것이라고 칭찬을 아끼지 않은 거야. 눌인은 이 학교에서 3년을 마치고, 졸업과 동시에 후쿠오카에 있는 규슈제국대학(九州帝國大學) 법문학부(法文學部) 영문과에 입학, 1934년 이 학교 졸업식을 얼마 앞두고 귀국하여 문학평론가로 활동하기 시작한 거지. 이 무렵에 춘원(春園) 이광수(李光洙) 등의 원로 문인들과 사귀게 되었고, 춘원의 소개로 도산(島山) 안창호(安昌浩) 선생도 만나게 되어 그에게 국가의 안위와 젊은 청년들의 할 일 등 교육을 받기도 했지. 이 때문에 후일 일본 경찰의 감시도 받게 된 거야. 눌인은 1935년까지는 일정한 직업도 없이 집필에만 열중하다가 첫 번째 비평 작품으로 〈문예비평가의 태도에 대하여〉를 조선일보(朝鮮日報 1934년)에 발표하고, 또 조선중앙일보(朝鮮中央日報)에 〈문예비평의 대상은 사회, 정치, 사상이 아니라 문학 그 자체임을 주장〉(1936년 4월)

을 게재함으로서 존재감을 과시했던 거야. 그리고 여의전(女醫專)에 강사로 나가게 되었고, 이때 이헌구(李軒求) 등과도 각별히 친하게 되었어. 또 그해 1936년에는 구인회에도 가입, 동인으로서 큰 꿈을 펼쳐나가게 된 거야. 이때 동인으로서는 박팔량(朴八陽), 김상용(金尙鎔), 이태준(李泰俊), 김기림(金起林), 박태원(朴泰遠), 이상(李箱), 김유정(金裕貞) 등이 참여했어. 이때 도산 안창호 선생 사건에 연루되어 1개월간 서울 동대문경찰서에 수감되기도 했었지."

지금까지가 한성기 선생님의 눌인에 대한 어떤 기록의 설명이었다. 선생님은 설명을 마치면서 눌인 선생의 작품이 실린 잡지 몇 권을 나에게 주시면서 몇 말씀 덧붙이셨다.

"눌인 선생은 문학비평보다도 수필에도 조예가 깊고, 잘 쓰시는 것으로도 알려지고 있으니 읽어 보고 열심히 공부해 보라."

나는 선생님께서 주신 책을 고맙게 생각하면서 모두 펼쳐보았다. 노랗게 퇴색된 책이었지만 나에게는 큰 선물이었다.

《사해공론》 몇 권과 《조광》 창간호 등 십여 권을 받아 읽기 시작했다. 앞에서 말했듯이 눌인이 쓴 수필 중에 제일 눈에 번쩍 뜨인 것이 〈내 소년시절과 소〉라는 글은 《조광》 3권 1호에 있었다. 나는 그 내용이 좋아 읽고 또 읽었다. 거의 외우다시피 했다. 눌인의 글은 나 같은 사람이 읽어도, 감동적이고 정이 넘쳐 흐르는 것 같아 향긋한 것들이 입안에 가득한 맛있는 음식을 먹는 기분이라고나 할까, 그런 기분이 들었다.

참고로 한성기 선생님이 그때 쓴 시 한 편을 소개해 본다.

역

한성기

푸른 불 시그널이 꿈처럼 어리는
거기 조그마한 역이 있다.
빈 대합실에는
의지할 의자 하나 없고

이따금 급행열차가
어지럽게 경적을 울리며
지나간다.

눈이 오고
비가 오고

아득한 선로 위에
없는 듯 있는 듯
거기 조그마한 역처럼 내가 있다.

암울했던 시대. 덕유산의 아름다운 풍경인 봄, 여름, 가을, 겨울과 함께 이제 막 눈뜨기 시작한 조선의 문학을 세계문학 속에 편입시켜보겠다는 야망을 눌인은 몇 번이고 생각했을 것이다. 그러나 그의 천재적인 문학의 꿈을 병마가 시기라도 한 탓일까, 갓 서른을 겨우 넘긴 그의 운명 앞에 위대한 꿈을 펼쳐 보지도 못하고 요절하고 말았으니 이 얼마나 애석할 일인가.

> 우수수 비 오는 소리에 놀라 창을 열었더니, 바람이 뜰 앞의 오동나무 잎을 희롱하는 소리요, 별도 자지 않고, 열사흘 둥근달까지 하늘 한복판에 해말쑥 밝다. 벌써 가을이로구나.
>
> 창을 닫았으나 뭇 생각이 설레어 좀처럼 잠이 올 것 같지가 않아 마루 끝으로 나갔다.
>
> – 〈사랑이란 무엇이며, 삶이란 무엇이냐?〉

문득 생각이 여기까지 미치며 늘 잊히지 않는 여인의 환상이 눈앞에 떠오른다. 이때부터 눌인은 "삶이란 기쁨이다." 함박꽃같이 온 얼굴에 활짝 핀 그의 웃음은 삶의 기쁨, 그것의 상징이라는 여인의 환상을 떠올리며 모든 시름을 잊고 삶의 기쁨을 즐기는 한참 젊은 감성으로 꽃을 피우던 시절을 맞으면서 동시에 이때부터 외로움과 그리움으로, 온몸으로 부둥켜안고 몸부림을 치기 시작하는 마음새를 느끼게 한다.

이 무렵 만났던 여인은 말한다.

그래요, 삶이란 참말 외롭고 쓸쓸한 것이야요.

이렇게 한숨으로 나를 위로해 준다.

함박꽃같이 웃던 그 여인보다도 고개를 숙이고 가을바람이 말을 달리는 들로 사라진 그 여인이 이 밤에는 몹시도 그립다. 그러나 눌인은 이 헤어진 여인들이 그때의 표정으로 보아 혹시 그들과 거닐던 부근에서 철도 자살이나 투강 자살이 많다는 이야기를 떠올리며 이튿날 신문 사회면을 샅샅이 살펴보았으나 그 부근엔 아무런 자살사건이 없었음을 보고 안심한다.

눌인은 이 젊은 두 여인을 통하여 삶의 얼굴을 보게 된다. 따라서 마음이 기쁠 땐 언제나 저 괭이를 메고 싱글벙글 웃던 여인을 떠올리게 되고, 그리고 외롭고 쓸쓸할 때는 언제나 어두워 가는 가을 들 속으로 사라진 또 한 여인을 떠올리며 삶이란 그런 것이란 일종의 진리를 깨닫게 된다는 이야기다. 즉 눌인이 이야기 했듯이 〈삶이란 기쁘고도 서러운 것. 즐겁고도 외로운 것〉이라고 생각하고 있었다.

– 중략 –

– 〈가을의 감상〉 중에서 (《조광》, 창간호. 1935. 11.)

나는 늘인의 수필은 수필이 아니라 모두가 '시'라는 생각이 들었다.

"참새소리는 이른 아침 이외는 우리에게 기쁨을 주지 못한다."

"그는 인견치마보다는 삼베치마를 즐긴다. 사치는 일종의 추파다."

"그는 병이 무엇인지 모른다. 시들은 장미꽃에 매력을 느끼는 때도 있으나 그것은 일종의 퇴폐적 취미다."

"그의 머리칼에는 청춘이 깃들었다."

"그의 코에는 보드라운 의지가 섰다."

"그의 귀에는 복이 탐스럽게 담겼다."

"그의 입 가장자리엔 애정이 서리었다."

"그의 손은 모나리자의 손이다."

"봄은 아직도 몇 천리 밖에 있는 줄로만 알고 꿈에도 꾸지 않고 있던 달팽이다 《열은 봄》. 이런 소리를 들었는지라 놀랍고 반가움에 이불을 차던지지 않을 수 없었다. 아직도 몇 천리 밖을 걸어오는 줄로만 알고 있던 봄 물결이 벌써 내 발목을 잠겼다니 이 놀랍고 반가운 소식이 아니냐?"

앞에서 보았듯이 늘인의 수필은 모두가 '시'다. 수필을 쓴 것이 아니라 '시'를 쓴 것이다.

늘인의 시적 감성은 중국의 대련(大連) 성포(星浦)에서도 나타난다. 그 아름다운 망망대해를 6년 만에 학생들을 데리고 바라보면서 언뜻 정지용의 시를 떠올린다. 성포는 조약돌이 혹은 둥글둥글 혹은 납작납작 한없이 아름다운 곳이다. 그것들을 주워서 하나하나 호주머니에 넣었다.

바다는 뿔뿔이 달아날려고 했다/ 고래가 이제 횡단한 뒤 해협이 천막처럼 펄럭이고/ 미역잎새 향기한 바위틈에 진달래꽃 볕조개 햇살 쪼이며/ 외로운 마음이 하루 종일 두고 바다를 불러/ 어딘지 홀로 떨어진 이름 모를 서러움이 하나/ 바둑돌은 내 손아귀에 만져지는 것이 퍽은 좋은가 보아/ 바둑돌의 마음과 이내 심사는 아무도 모를지라도…

이런 시구들이 단편적으로 두서없이 입술을 새어나왔다고 했다. 그 아름다운 시들이 몇 번이고 몇 번이고 외로움만으로 행복했었다고 했다.

– 중략 –

– 〈대련 성포〉 중에서 (《조광》 5권 8호. 1939. 8. 1.)

사실 눌인은 시인이라고 표현은 하지 않았지만 그의 언어들은 다분히 시적인 함축미가 깔려 있었고, 비평의 영역을 뛰어넘고 있었다고 말하는 사람도 많다. 따라서 눌인의 문학적 역량이 영국의 셰익스피어나 독일의 괴테, 러시아의 푸시킨에 무엇이 다르다는 말인가.

우리 고향에서 30리가량 되는 곳에 적상산이라는 산이 있습니다. 산허리가 마치 성벽 같은데, 가을이 되면 그 산벽이 빨갛게 물이 듭니다. 그래서 그 이름이 적상산입니다. 어떻게 보면 산이 빨간 치마를 두른 것 같기도 하다고 하여 적상산이라고 합니다.

– 중략 –

어느 해 여름방학에 나는 큰 괴로움을 안고 고향에 돌아갔었습니다.

예전 놀던 산으로 시냇가로 싸다니었으나 나의 괴로움은 좀처럼 멎지를 않았습니다. 그리하여 나는 적상산에 올라가서 그곳 절에서 보름달을 바라보며 하룻밤을 세워 보려고 하였습니다. 이 산이 서러운 어린애로 하여금 눈물을 닦고 웃으며 일어서게 하는 그런 어머니의 품이 되어 주기를 바랐던 것입니다.

나는 묵은 절 앞 풀밭에 가 누워서 달을 기다렸습니다. 보름달이건만 앞을 가린 봉우리에 막혀서 스무날 달보다도 늦게 떴습니다. 그러나 그 달은 유독히도 푸르고 맑았습니다. 그리고 그 달이 그린, 절을 둘러싼 그림자는 호수보다도 깊었습니다. 달빛에 잠기자 뭇 풀벌레 소리는 한층 맑고 높아졌습니다.

나는 그만 질식할 것 같았습니다. 심장의 고동도 쉬인 것 같았습니다.

나의 방에 돌아온 때는 아마 자정이 훨씬 넘었었을 것입니다.

깜박 잠이 들었던 모양입니다. 돌아가신 어머님이 떡을 해 가지고 오랜만에 찾아 오셨습니다. 나는 설움이 복받쳐서 그 떡이 목에 걸려 그만 잠을 깨었습니다. 보니 달그림자가 창문 끝에 겨우 달려 있었습니다. 이윽고 밑의 절에서 새벽 염불 소리가 들려왔습니다. 나는 그만 울고 말았습니다.

– 중략 –

– 〈적상산의 한여름밤〉 중에서 (《조광》 2권 3호. 1936. 7. 1.)

눌인은 이 적상산에 대해 무한한 정감을 가지고 있었던 모양이다. 마음이 괴롭거나 울적할 때는 언제나 어머니의 품안처럼 그리움으로 찾아갔을 것이다.

또 아름다운 적상산의 풍경을 보면서 자란 탓도 있었을 것이다. 꿈에서도 잊지 못하는 돌아가신 어머니에 대한 한이 얼마나 컸을지 짐작이 되고도 남는다.

지금은 적상산에 양수발전소가 건립이 되었고, 옛 안국사(安國寺)도 지금의 자리로 높게 옮긴 것도 양수발전소 때문이다. 그때의 정취와는 사뭇 다른 감정일 것이다. 그리고 요즈음에는 적상산 탐방객들로 가을 한철은 서울 부산 대구 광주 등에서 몰려오는 차량들로 발 들여놓을 데조차 없을 지경이 되었다. 지금 눌인이 이런 모습을 보았다면 어떤 생각을 했을까? 한여름에도 찬바람이 분다. 모기 한 마리 찾아볼 수 없는 공기 맑고 아름다운 곳. 높은 산에서 무진장으로 열리는 머루와 다래로 만들어지는 서양식 술인 '와인'의 명산지로 유명해진 무주가 여행인들에게 기쁨과 즐거움을 주기도 하고 양수발전소 건립으로 생긴 지하 통로가 와인의 대량 저장고를 눌인이 보았다면 숨길 수 없이 발전하고 있는 무주가 낯설지나 않을까?

이 무렵에는 언제 들어도 가슴 한편이 먹먹해지는 동요 〈오빠 생각〉이 들려오는 듯하다. 1925년이면 눌인도 유행처럼 사람들의 가슴을 적시던 이 노래를 불러 보았을까. 최순애 작사로 〈오빠 생각〉은 독립운동과 계몽운동으로 몸을 불살랐던 한 애국지사를 기리기 위한 시로, 적상산의 한여름밤을 읽다보면 〈오빠 생각〉의 노래를 듣는 것 같은 착각에 빠진다.

눌인의 기억 속의 정경은 안국사의 부처님처럼 영롱하게 빛나는, 새벽마다 들려오는 아련한 목탁 소리, 독경 소리로 넋을 잃었을 것이다.

덕유산과 적상산은 예사 산이 아니다. 성스러운 산이다. 용처럼 굽이치는 능선을 마주보는 곳에서 눌인은 태어났다.

시인 신경림은 〈남한강 갈대밭에서 슬프지 않아도 아름다운 것들〉을 노래했고, 가수 김윤하는 〈피고 지는 꽃처럼 아름다워서 슬픈 사람들〉을 노래했다.

어떻게 열어놓은 설렘인데
어떻게 펼쳐놓은 그리움인데
혼자 깊어지다
뚝
저를 놓아버리는…

이해인 시인의 〈동백꽃 지다〉라는 시가 생각난다.

눌인의 짧은 인생을 다시 한 번 생각해 보면 너무 억울하다는 마음이 앞선다.

눌인이 일본에서 체류기간은 교토에서 3년, 후쿠오카에서 3년, 꼭 6년여를 보냈다. 보냈다는 것은 그만큼 일생 동안 살아온 대부분을 일본에서 보낸 셈이라는 뜻이다. 어린 시절을 빼고 나면 젊은 시절, 글을 쓴 시간은 겨우 4년여에 불과하다. 그래도 가장 행복했던 시기는 교토에서였을 것이다. 교토에서는 K와 Y라는 고향 친구가 있었고, 그 고향 친구들과 만나 이삼 일 그곳에서 쉴 모양으로 짐을 풀었던 일, 그 친구들과 떨어진다는 것이 너무 아쉬워 동경 유학을 포기한 일, 교토는 일본의 옛 왕도로 고색 찬연하여 떠나지 못했던 일, 그곳에서 평생 글벗 정지용을 만났던 일이 가장 행복했던 때가 아닌가 싶다. 특히 정지용과는 운명적이라고도 할 수 있다. 그때 눌인이 본 정지용은 5척 3치밖에 되지 않았고, 이빨이 남보다 길었다는 것이 첫 인상이었다고 했다. 또 정지용은 동요 〈미〉와 〈홍시〉를 눌인에게 암송해 주었다고도 했다. 그 뒤 칠흑과 같이 깜깜한 그믐날 눌인을 데리고 상국사(相國寺)라는 절 뒤에 자리 잡고 있는 묘지로 찾아가 그의 대표 시인 〈향수〉를 읊어 주었다는 것도 오랫동안 잊히지 않을 만큼 행복했던 때가 아니었던가 싶다.

눌인 선생과 정지용 선생이 생전에 좋아했던 시 〈향수〉를 게재하고 다시 한 번 눌인과 지용을 생각해 본다.

향수(鄕愁)

정지용

넓은 벌 동쪽 끝으로
옛이야기 지즐대는 실개천이 휘돌아 나가고,
얼룩백이 황소가
해설피 금빛 게으른 울음을 우는 곳,

— 그곳이 차마 꿈엔들 잊힐리야.

질화로에 재가 식어지면
비인 밭에 밤바람 소리 말을 달리고
엷은 졸음에 겨운 늙으신 아버지
짚베개를 돋아 고이시는 곳,

– 그곳이 차마 꿈엔들 잊힐리야.

흙에서 자란 내 마음
파아란 하늘 빛이 그리워
함부로 쏜 화살을 찾으러
풀섶 이슬에 함추름 휘적시던 곳,

– 그곳이 차마 꿈엔들 잊힐리야.

전설 바다에 춤추는 밤물결 같은
검은 귀밑머리 날리는 어린 누이와,
아무렇지도 않고 예쁠 것도 없는
사철 발 벗은 아내가,
따가운 해ㅅ살을 등에 지고 이삭 줍던 곳,

– 그곳이 차마 꿈엔들 잊힐리야.

하늘에는 성근 별
알 수도 없는 모래성으로 발을 옮기고,
서리까마귀 우지짖고 지나가는 초라한 지붕,
흐릿한 불빛에 돌아앉아 도란도란 거리는 곳,

— 그곳이 차마 꿈엔들 잊힐리야.

눌인 선생에게 이 시는 그동안 쌓여있던, 마음 속으로 잠시도 잊지 못했던 고향에 대한 향수를 느끼게 했을 뿐 아니라 정지용에 대한 다시없는 동료애를 느끼게 했을 것이다. 그리고 어떤 초여름의 석양에 눌인과 지용이 압천(鴨川)을 거닐면서 또 한 번 '압천'이라는 시를 읊어 주었다. 그만큼 눌인과 지용이 떼려야 뗄 수 없을 만큼 가깝게 지냈다는 이야기다.

압천(鴨川)

압천 십리ㅅ벌에
해는 저물어… 저물어…

날이 날마다 임 보내기
목이 젖었다… 여울 물소리…

찬 모래알 쥐어짜는 찬 사람의 마음
쥐어짜라. 바시어라. 시언치도 않어라.

역구풀 욱어진 보금자리
뜸북이 홀어멈 울음 울고.

제비 한 쌍 떠ㅅ다
비마지 춤을 추어

수박 냄새 품어오는 저녁 물바람
오랑쥬 껍질 씹는 젊은 나그네의 마음.
압천 십리ㅅ벌에
해가 저물어… 저물어…

늘인은 이 시에 또 한 번 감탄했다.

〈압천〉과 〈향수〉는 정지용의 시 중에서 늘인에게 아주 친숙하게 해 준 시가 되었다.

이듬해 봄, 지용은 고향이 얼마나 그리웠으면, 가족들이 얼마나 보고 싶었으면, 늘인을 혼자 남겨두고 고국으로 돌아갔다. 모든 것을 훌훌 털어버리고 정말 참벌처럼 닝닝거리며 고향으로 돌아갔다.

얼마 후 눌인도 후쿠오카로 자리를 옮기게 된다. 규슈대학 법문학부 영문과에 입학을 위해서다.

일본에서의 활동에 대해서는 앞에서 언급을 했으므로 대략 이만 줄이기로 하고, 이때 나는 무주초등학교 교사로 전근이 되면서 눌인 선생에 대한 그 뒷이야기가 알고 싶어졌다. 그래서 찾은 분이 눌인의 조카가 되는 김영운 조합장을 만나게 되었다. 김영운은 무주농업협동조합장으로 근무하고 있었다. 내가 눌인 선생에 대해 사범학교 때 한성기 선생님에게 들었던 뒷이야기가 궁금하다는 이야기를 하자, 가지고 있던 책 〈金煥泰이야기〉라는 팸플릿 한 권을 나에게 주었다. 참으로 고마웠다. 나는 친한 벗에게 보물상자라도 선물 받은 듯 기뻤다. 한성기 선생님도 잘 알지 못했던 그 뒷이야기가 그 책 뒤편에 기록되어 있음을 보았다.

눌인 선생은 1936년 6월 1일, 시인 박용철 선생의 동생인 박봉자(1907년생)와 결혼을 하고, 1937년엔 장남 영진(榮珍)이 태어났다. 1938년 눌인은 황해도 재령의 명신중학교 교사로 근무하게 되었고, 1940년엔 서울 무학여고로 자리를 옮기게 되고, 이때 장녀 인자(仁子)가 태어났다.

이 무렵 일제의 국어말살정책과 함께 친일보국문학이 문단을 휩쓸자 눌인은 글 쓰는 일을 그만두고 울분을 술로 나날을 보내던 중 건강이 악화되어 교사직을 사임하고 고향 무주로 내려왔으나 이듬해인 1944년 5월 26일 향년 34세를 일기로 영면, 무주읍 당산리의 가족 묘지에 안장되었다는 이야기를 듣고, 무주국민학교 몇 분 선생님들과 그곳을 찾아 참배하고, 너무 허망하게 돌아가신 문단의 선각자를 보고만 있다는 것은 말이 안 된다는 사실을 깨닫고, 우리는 많은 사람들에게 눌인 선생에 대한 천재적 존재감을 알리기로 했다. 그러나 나는 다시 전주 풍남국민학교로 전근이 되는 바람에 잠시 눌인 선생에 대한 생각을 접어둘 수밖에 없었다. 그러나 몇 년 후 전북일보 기자로 입사하면서 다시 눌인 선생에 대한 연구를 계속하게 되었다.

사실 문인들이나 고향 분들이 눌인 선생을 잘 알지 못하는 까닭은 너무 젊은 나이에 요절했기 때문도 있지만, 문학이라는 것이 아직 일반화 되지 못한 농촌의 인식 부족도 한몫한 셈이다.

문단의 큰 인물을 우리가 몰라서야 되겠는가, 큰 인물을 모시고 있다는 것은 그 고장의 자랑이요 자원이 되기 때문이다.

눌인의 문학적 사상과 업적을 오래도록 잊지 않는다는 것은 곧 우리 고장을 문학의 고장으로 선양하는 데 큰 뜻을 갖게 하는 것이나 다름없을 것이기 때문이다.

다만 어려운 시대에 선견의 예지와 불굴의 용기로 민족문학의 족적을 기리기 위해 고향 아름다운 덕유산 국립공원 기슭에 전국 문인들의 추모의 정을 담아 기념탑을 세워 그나마 큰 보람으로 여기게 되었다.

시인 조영희와 50년 우정

조영희는 유명한 시인입니다

조영희는 언제나 말이 없고 자신의 직장(중학교 교사)에만 충실할 뿐, 다른 사람들과 자주 어울리거나, 만나 이야기를 나눌 친구도 별로 없는 것 같았습니다.

나와는 어느 교원들 모임에서 인사는 했지만 별로 관심이 없는, 그저 얌전한 선생이라는 것 말고는 기억이 없었습니다. 그런 어느 날, 다시 조영희를 만났습니다. 그 자리에서 그는 나에게 자신은 시를 쓰고 있는데, 이 시를 한 번 보아달라며 봉투 하나를 내밀었습니다.

'나는 시인도 아니고 시에 대해 알지도 못합니다.'하고 거절을 했습니다. 그러자 조영희는 나에게 차 한잔 하자며 찻집으로 안내를 했습니다.

“이 사람 좀 이상한 것 아냐? 착하고, 순박하고, 조용하고, 말이 별로 없는 사람이라고만 생각했는데….” 의외였습니다.

조영희는 찻집에 가서도 아뭇소리 않고 먼 산만 바라보고 있었습니다.

“선생님, 지금 나이가 어떻게 되시지요?”

“을해생인데요.”

“아, 저와 같군요. 저도 을해생이요.”

나는 이 사람 정말 엉뚱하다고 생각했습니다. 그리고 또 이상했습니다.

“선생님, 저의 친구가 되어 주세요.”

“그럽시다. 그깟 어렵지도 않은데….”

그렇게 우리는 50년 친구가 되었습니다.

나는 전주에서 살고, 조영희는 순창에 살고 있어 자주 만날 수 없었지만 조영희는 자주 나에게 편지를 보냈습니다. 그리고 답장을 원했습니다. 그런데 그 답장이 문제였습니다. 그 편지 내용이 시였기 때문이었습니다. 시인도 아닌 사람이 시인에게 답장을 쓴다는 것이 그렇게 쉬운 것이 아닙니다.

그때 나는 언뜻 동시를 쓸 때의 감정으로 답장을 써야겠다고 생각했습니다. 조영희는 그런 답장을 아주 좋아했습니다. 좋은 친구를 만났다며 계속 시를 써보냈습니다. 그렇게 조영희와 50

여 년이 흘러갔습니다.

그가 고향인 광주에서 여생을 보내겠다며 떠난 지 얼마 안되 병을 얻어 세상을 떠나고 말았습니다.

정들면 그곳이 고향이라는데, 그가 찾아간 고향은 고향이 아니었습니다.

상가엔 찾는 이 별로 없고 쓸쓸했습니다.

이번 내 산문집에, 그때 조영희와 주고받은 일부 편지 내용을 정리하여 끼워넣으면서 조영희의 명복을 다시 빌고 있습니다.

***

교육자 趙永喜 선생

趙永喜 선생과 내가 만난 것은 1965년 가을쯤으로 기억된다. 그러니까 초등학교 과정 중에서 글짓기 교육이 차지하는 비중이 절대적이어야 한다고 강조하던 시절이니까 벌써 30여 년이 지난 세월이다. 그때 난 全州豊南國校에 재직하고 있었고, 趙永喜 선생은 淳昌福興國校에 재직하고 있었다. 전국적으로 글짓기 지도 운동이 한창 일어나고 있던 터라 전북 지방에서도 이 운동에 뜻을 같이하는 몇몇 교사들이 각기 자기가

맡고 있는 어린이들에게 새로운 인식의 표현력 신장을 위한 교육에 상당한 연구를 하고 있었다. 이들은 또 신문이나 편지 등을 통해 상호간 정보도 교환하고 있었다. 趙永喜 선생과 내가 만난 것도 이러한 연유에서 비롯된다.

우리가 서로 주고받은 편지의 내용은 주로 어린이들의 글짓기 능력을 어떻게 향상시키느냐였다. 기왕 교단에 섰으니 죄짓지 않는 교육자가 되고자 다짐의 의견도 나눴다.

그때 趙永喜 선생은 글 한 줄, 글자 한 자 한 자에 몹시 신경을 쓰고 있는 사람으로 생각됐다. 글의 내용도 어쩌면 정감이 철철 넘치도록 글의 형태를 잘 갖추고 있었다.

나는 오랜만에 좋은 친구를 하나 만났다는 기분으로 잠을 이루지 못하며 그이 모습을 떠올리곤 했다. 아직 한 번의 대면식도 없었기 때문이다. 그는 분명 남자임에도 어린이들의 세계에 대해 깊은 관심과 세심한 관찰력을 가지고 있는 사람 같았다. 그래서 나는 趙永喜 선생의 편지를 받을 때마다 항상 나의 초라한 교단생활에 대해 부끄러운 감정을 가지곤 했다.

그런 어느 날 마침내 우리는 서로 만나는 기회를 갖게 되었다. 글짓기지도회라는 이름의 모임체를 만드는 자리에서였다. 趙永喜 씨의 첫인상은 역시 시골 사람이었다. 무엇 하나 가식이 없는 텁텁한 막걸리 타입의 사람이었다. 딴은 나도 그런 사람이어서 趙永喜 선생과 난 오랜 친구처럼 두터운 정감으로 흠뻑 젖어있었다. 그날 우리는 서울 어느 작은 여관방에서 교육자들이 흔히 그러하듯이 교육 문제에 대해 많은 이야기를 하며 밤을 지샜다.

그날 밤 나는 그에게서 또 하나의 새로운 사실을 발견하고 깜짝 놀랐다. 그에겐 詩的 感情이 풍부했다. 그를 순수한 교육자로서만 생각하고 있었던 내 생각은 완전히 빗나갔다. 그는 詩人이었다. 그가 어린이들의 세계에 대해 깊은 관찰력과 감동적 언어를 자주 사용할 수 있었던 것은 그의 독특한 시적인 아름다운 마음과 눈을 가지고 있었기 때문이라는 것을 새삼 느낀 것이다.

시인 趙永喜

趙永喜 시인은 그런 의미에서 교단보다는 오히려 문단에서 더욱 빛을 발휘할 사람이라고 생각했다. 물론 趙永喜 시인과 같은 사람은 교단에서도 절대적인 존재이기도 하다. 그이 맑은 시정신은 곧 그가 가르치고 있는 어린이들의 마음속에 고운 꽃으로 피어 있을 것이 틀림이 없기 때문이다.

새봄이면
살포시 감기는

寒氣의 맛.

겨울이 채 가신
森羅의
여운이다.

그리고
몸 푸는
실버들의 產苦다.

– 제1시집 《春寒》에서

趙永喜 시인의 눈엔 언제나 모든 사물이 살아 움직이는 것으로 생각하고 있었다. 사람들의 삶이 아무리 어둡고 복잡해도 그것을 생각하는 사람에 따라 그것을 느끼는 사람에 따라 다르듯이 趙永喜 시인도 그러한 내적 갈등은 안으로만 간직하고 그것을 기쁨과 즐거움으로 승화시키는 시적 감동을 지니고 있었다.

먼 일을 잊어서 좋다.

오늘은 浪漫이 여물고

君子가 되었구나.

恍惚한 內面의 세계가

未知의 榮光에 묻히고

거울처럼 맑았던 날은

酩酊의 멋이기에.

— 제1시집《酩酊》에서

趙永喜 시인는 그의 詩에서처럼 언제나 좁은 공간에 머물지 않고 더 넓은 세계를 향해 달려가고 있었다. 그리고 그 길을 안내하고 있었다. 趙永喜 시인의 詩는 그런 의미에서 그가 초등에서 중등으로 자리바꿈을 하고, 그리고 시골에서 도시로 그 영역을 넓혀가고 있다는 것을 알 수 있었다.

“초등학교 1학년을 가르치고, 그리고 그들을 따라 2학년, 또 3학년, 그리고 중학교, 그리고 고등학교, 대학교를 졸업할 때까지 그들의 생활을 지켜가면서 그들이 완전한 사회인으로 자리를 차하는 것을 본다면 얼마나 행복한 교육잔가.” 하던 어느 교육자의 말을 곧잘 인용하던 趙永喜 씨의 생활의 변화도 이제야 이해할 만하다.

너와 나, 그리고 우리, 국가, 세계로 이어지는 인간의 정신적 성장 과정처럼 趙永喜 시인의 詩世界도 그런 단계를 하나도 빼놓지 않고 발을 밟고 지나가고 있었다. 어느 詩人이나 作家들이 두 단계, 세 단계쯤 뛰어넘어 정상에 오르는 사람처럼 문단 진출은 다소 늦은 것 같았으나 그의 詩 영역은 그러한 모순을 단 한 번도 겪지 않고 살아온 사람이다. 억지를 부리지도 않고 항상 조급하게 서둘지도 않고, 항상 느긋한 마음으로 詩作에 몰두해 왔기 때문에 오히려 오늘의 趙永喜 시인의 詩는 더욱 값지고 귀한 것으로 남게 되는 것이 아닌가 싶다.

趙永喜 시인의 그러한 시의 단계는 갈수록 뚜렷하게 나타난다.

> 아침 뜨락에 감기는 봄내음은
>
> FLORA만의
>
> 奇巧.
>
> 音律을 튀기는 발치에서도
>
> 시름시름 피어오르는
>
> 갸름한
>
> 봄자락.
>
> – 제2시집 《봄의 長調》에서

趙永喜 시인의 詩는 단순한 日常의 생활을 미적 전달의 의미를 넘어 대자연의 신비를 詩의 理想으로까지 끄집어 올리고

있다. 이러한 發想은 그가 신앙에 깊이 파고들은 자기의 체험을 통해 더 극명하게 나타난다.

主日만큼
아주 적은 것을 드리고
그리고
안주 많은 것을 받는
복된 나의 하루.
아주 많게 받고
아주 적게 드리는
내 믿음의 모순.

— 제2시집 《主日》에서

趙永喜 시인의 시에서 언뜻언뜻 번득이고 있는 것은 인간의 정체에 대한 고민이다. 그는 흔히 현대 프랑스의 대표적 지성 시인 소르망과 같이 우연한 것과 필연적인 것, 선천적인 것과 후천적이 것, 물질적인 것과 관념적인 것 등을 분명하게 나타내고 있다.

趙永喜 시인의 작품에서 흔히 볼 수 있는 또 하나의 분명한 것은 지극히 생활적이라는 점이다. 그가 부지런하게 작품을 쓰고 작품을 발표하는 가장 큰 원인은 그의 생활 자체가 글로

옮겨지기 때문이다.

그러나 趙永喜 시인의 작품 활동은 한때 잠시 쉬는 듯했다. 그것은 여느 때와 마찬가지로 또 하나의 詩集을 묶는 작업을 하고 있구나 생각했다. 그때 분명 趙永喜 씨는 제3시집《이승에서 띄우는 葉書 · 容奭아》를 집필하고 있었다. 시를 쓰고 있었다기보다는 차라리 피눈물을 흘리고 있었다고 보아야 옳을 것 같다.

그동안 지척에 있으면서도 안부 전화 한 통도 할 겨를이 없었던 부끄러운 사실에 대해 나는 깊이 반성했다. 그래서 오랜만에 전화를 걸었다. 도대체 어떻게 된 것이냐고 했다. 그러나 趙永喜 시인은 여느 때와 다름없이 서로 안부를 묻는 것으로 끝맺으려 했다. 趙永喜 시인은 절대로 자기의 허약함을 남에게 보이지 않는 인내를 지니고 있었다.

趙永喜 시인은 본래 獨子였다. 거기에다 만혼으로 늦게야 맏이를 보았다. 그 맏이가 容奭이다.

그 맏이 容奭이가 18살 되던 해에 그만 이승을 멀리하고 말았다. 아직 응석을 부릴 나이에 저 혼자 쓸쓸히 세상을 떠났다. 趙永喜 시인이 잠깐 作品을 쉬고 있었던 이유다. 그래서 차라리 세 번째 시집은 詩라고 하기보다는 절규나 다름이 없었다.

人間이 어찌 죽음 앞에서 초연할 수 있겠는가. 만약 초연할 수 있다면 그것은 분명 거짓말이다.

容奭아,

너는

한 송이

꽃망울

풍진 세상에

모질게 시달리다가

채 피지도 못하고

저 낙원에

안식하려는 뜻

가슴에 안고

이승의 아쉬운 여운

훌훌 털어버리고

淸風 휘어잡은

바쁜 여정

그렇게 재촉하였더냐.

— 제3시집 《이승에서 띄우는 葉書, 容奭아 3》에서

趙永喜 시인은 뼈를 깎는 아픔을 겪었다. 그러나 그 아픔을 안으로 안으로만 간직하고 그것을 한 줄의 詩로 표현하는 인내심을 가지고 있다.

趙永喜 시인의 詩는 그것으로 끝나지 않았다. 그로 인해 더

욱 고통을 겪어야 하는 가족들의 몸부림까지 지극히 인간적인 고뇌로 詩를 쓰고 있다.

容奭아,
새벽에
단잠을 깼다.
네 엄마의 신음에
밤이면 밤
낮이면 낮
애통하는 엄마의
苦痛
정말 日不忽見이다.
애지중지 길러온 맏이
無倫無脊한 비극을
靈長의 인간으로서
忘却의 베일 속에 묻고
어찌 태연하랴.
피를 쏟는
忍苦의 준령
언제쯤 오지랖 여미는
정상의 날이 오려는지.

선상에서의 현 위치는 미로의 간이역에서 기다리고 있는 불안한 상태의 시간이다. 그는 직장에서는 열강하고 있는 평범한 교육자다. 그 나이에는 장학사나 교장을 하고 있는 동료들이 많다. 대부분의 공립 교원들이 관리직을 바라보며 희망을 걸고 있다가 작은 수단 방법을 통해서 성취 욕구를 발휘하고자 노력한다.

그러나 그의 성품과는 너무나 동떨어져 있는 현실에 그는 아예 동일 선상의 위치에서는 미로의 간이역으로 방향을 설정하고 있으며 지난날에 오히려 행복하다고 단정한다. 종교 시인은 신을 향한 인간의 문제라든지 영혼의 문제를 다룸에 있어서나 상상력이 지시하는 대로 자유롭게 표현할 수 있어야 하는데 이 말은 그의 시에서도 흔히 볼 수 있다. 만일 시인이 현실의 모든 구체성과 복잡성을 포착하지 못한다면 아무리 숭고한 신앙이라도 아무 소용이 없다.

시인은 흑암으로 에워싸인 그 인생 여로의 한가운데 고독을 느낄 때라도 그의 종교적 삶의 인식을 전달할 수가 있다. 교리와 관계를 끊어버린 시라 할지라도 삶의 거룩함과 신비성을 인식하고 있다면 위 시에서처럼 종교적 통찰력을 담고 있다고 할 수 있다.

시는 분명 설교가 아니다. 신앙 시는 편협한 분파의 교리에 구속되어서는 아니 되는 구속당할 때는 그 생명력을 잃게 된다. 신앙 시인의 기능은 개종시키는 것이 아니라 드러내는 것이라고 흔히 말하고 있다.

조영희 시인은 광주 화정 교회에서 시무 장로로 봉사하고 있는 생활 신앙의 모범이 된 기독교 시인의 한 사람이다. 그는 예수교 장로교의 장로고 나는 기독교 장로교의 장로이다. 그와 나는 같은 해에 명지대를 졸업한 뒤 오늘날까지 교육계에서 국어를 가르치면서 시를 쓰고 있다. 그의 종교관이나 신앙관이 시에서 용해되어 독자로 하여금 재음미하는 과정을 겪게 하는 시가 많지, 직설적으로 표현되거나 강요하는 방법은 보기가 드물다.

다음 시를 읽어 보자.

행복한 사랑도 나눈다
풍요로운 자유도 누린다
저 호면은
반추한 소요도 포용한다
태평한 음률도 조율한다
저 호면은
미풍이 어루만지며 스칠 때마다
더없이 고요하다.

– 〈호면은〉 全文

예수님이 어느 날 조용한 시간에 갈릴리 잔잔한 호숫가를 거닐던 모습이 떠오른다. 예수님이라는 주체도 없고 갈릴리라는 공간도 없는 시이다. 다만 시인의 행복한 사랑과 풍요로운 자유가 객관화 하여 호수로 나타났을 뿐이다. 신석정 시인이 말한 조영희 시인의 맑은 마음이 감정 이입된 상태에서 호수가 있는 것이나 호면에서 반추한 소요와 태평한 음률 등을 포용하거나 조율한 것은 시인의 심성이다. "마음이 청결한 자는 복이 있나니 저희가 하나님을 볼 것이요" 하는 성경 구절이 은연 중에 떠올라지는 작품이다. 조영희 시인은 마음이 가난한 생활을 하고 있다. 그에게서 어떤 명예나 지위나 권세는 전혀 가까이 하지 못한다.

허욕을 모르고 가식을 찾아 볼 수 없는 시인이다. 화려한 등단의 영광을 갈망한 바도 겪지 않았고, 찬란한 문학상을 받으려고 의도적인 활동을 전개해 본 적이 없다. 지난해 수상한 바 있는 '명지문학상'도 전연 의외의 일이었음을 내가 익히 알고 있다.

수상 소식이 오후에 전달되었고 오전에 나와의 통화에서도 오히려 서울 문우들의 차례가 될 것이라고 말했었다. 문학상에 따라서는 잡음이 심하고 후유증이 많은 것들이 있기에 문제점들이 나타나지만 명지문학상만은 조영희 시인처럼 점잖게 시만 열심히 쓰는 사람에게 주어진 것으로 알려져 있다.

전혀 심사위원도 모르고 수상자도 결정 후에나 알려지는 사이라는 권위 있는 문학상이 될 것이니 그의 순수한 삶과 참된 문학적인 태도는 그러한 상에는 연연하지 않는다. 아무튼 조 시인은 흔한 입신 공명이나 모종의 공리성을 위하여 시를 쓰지는 않는다. 평소 생활이 그러한 것처럼 그이 소산물도 역시 순수하고 순실한 바탕 위에 서 있다.

이제 기독교적인 소재 속에서 예술성 짙은 작품들을 찾아보자. 말하자면 하나의 문학 작품이 진정한 문학적 가치를 가지려면 반드시 그 작품에 필요한 소재를 처리하는 작가의 확고한 사상이 주축을 이루어야 하는데 그러한 기독교적 작품을 몇 편 손쉽게 읽어보자.

작은 것 하나도
귀한 줄을 아는 마음
번추한 오뇌를 씻으며
고요한 심금의 슬기로
살의 길을 깨치는 진실의 화음

– 〈미음〉은 일부

오만 무례한 과학 문명도
신의 섭리 앞에서는

한낱 포말처럼
무력한 완구
다만 오열을 삼키며

— 〈기원〉의 일부

한 주간의 고행을
참하게 씻는
에덴이다.
신의 뜻을 좇는 진실한 요람
경건한
자유의 날이다
속세의 시름을 털어버리는
내세의 지름길
믿는 자의 소망이다

— 〈주일〉의 일부

하나의 진정한 문학 작품이 성립되려면 그 작가의 사상이 작품 속에 구체적으로 형상화되어야 한다. 그 어느 편에 치우치거나 그 어느 한편만 가진 문학은 문학이 아니다. 사상성만 지닌 문학은 예술품으로서의 가치가 없고, 예술성만으로 창조하는 문학은 내용이 공허한 언어의 유희에 떨어지고 만다. 이

석은 문학 작품이 성립되는 가장 기본적인 원리인데 기독교 문학에도 역시 마찬가지이다.

무엇보다도 문학 작품이 되고서야 기독교 문학이 될 것인데 작품이 되지 못한 것들 —기독교적 사상이라 해서—을 기독교 문학이라고는 할 수 없다. 기독교 사상이 철저히 진리에 입각해야 하는 것처럼 그 사상을 담는 형식이 빛나는 예술성을 지녀야 한다. 위의 시 세편은 모두 조영희 시인이 신앙을 바탕으로 하여 쓴 문학 작품이지 설교나 교리 해설은 아니다.

작은 것 하나도 귀한 줄을 아는 마음이 곧 신앙인의 자세이다. 겨자씨만 한 믿음이라도 있으면 산을 바다에 옮길 수 있다는 비유는 곧 작은 것일지라도 큰 위력을 나타낼 수 있다는 신앙인의 소망을 말해준다.

생명 있는 것은 더욱 소중하게 여겨야 함은 절실한 요청이다. 번추한 오뇌를 씻는 일이 신앙인의 기도 생활이다. 기도하지 않는 신앙인이 존재할 수 있을까. 신앙인의 첫째 일은 기도이다. 삭막한 현실 앞에 우리의 내일을 풍부하게 할 수 있는 일은 기도 그리고 신앙시를 쓰는 일이 우선이라 하겠다. 다만 기도가 종교 의식의 하나로 있으면 기도 자체로 끝나고 말지만 '진'이나 '선' 또는 '사랑'이나 '정의' 같은 하나님의 것을 예술성 있게 추구해 나가는 것이라면 신앙시의 가치는 높이 평가받을 것이다.

두 번째 시 속의 오만 무례한 과학 문명도/ 신의 섭리 앞에는/ 한낱 포말처럼/ 무력한 완구라고 노래한 것처럼 그는 과학 문명이 곧 인간의 존재를 축소시키고 인간을 노예로 추락시키고 있다고 보고 있다. 아무리 오만한 아파트나 포클레인도 신의 섭리 앞에서는 잿더미로 변했거나 물거품이 되어 버린 일이 가까운 일본에서 우리는 보았다. 오베의 지진을 어찌 기계 문명이 이겨냈다는 말인가. 무력한 완구에 지나지 않는 과학 문명을 조영희 시인을 비롯한 우리 모두의 시인들이 과제로 삼고 가치 추구를 위한 기도의 대상으로 삼아야겠다.

완구는 어린이들만이 마음껏 가지고 노는 물건이다. 그 거대한 고베 시가지의 인공적 과학 시설물이 무력한 완구에 지나지 않은 것을 눈으로 보면서도 인간의 바벨탑은 오늘날에도 하늘 닿을 듯 솟고 있다. 신의 뜻이 어디에 있는가를 찾으려는 노력은 보이지 않고 물질과 과학의 위력만을 과시하는 현대인에게 경고가 될 만한 구절이 아닐 수 없다. 이제 우리는 천지 창조의 신비성을 인식하면서 일주일에 한 번 쉬게 되는 주일의 참 의미를 깨달아야겠다.

기독교 국가가 아닐지라도 세계는 지금 일요일의 뜻이 보편화하여졌다. 내일을 위한 조영희 시인은 정의한다. 뿐만 아니라 신의 뜻을 좇는 진실한 요람이라 하여 에덴동산 곧 요람으로 동일시 여기어 천진난만한 동물과 인간의 구별이 없는 평화의 날이요, 경건한 날이요, 자유에의 날임을 그는 연작시 〈主日〉을 통해 말하고 있다.

주일을 거룩하게 지킬 줄 아는 자가 바로 기독교인이요, 진리로 인하여 자유케 함을 터득하는 날이 바로 주일인 것을 그는 너무나 잘 알고 있다. 한 가지 더 언급하지 않을 수 없는 것은 그의 자연에 대한 시정신이다. 그가 태어난 영광이나 그의 근무지 정읍이나 장성 또는 보성 등 가는 곳마다 그의 시적 소재는 향토성 짙은 자연과 그곳의 소산물이었다.

오늘날까지 그가 근무한 곳은 도시가 아닌 농촌이었기 때문이기도 하지만 그는 자연과의 친화를 통해서 시심이 천성적이었다고 볼 수 있다. 누구가 말한 것처럼 도시는 인공적 작품이요, 농촌은 하나님의 작품이라고 하지 않았는가. 인위적인 문명의 저편에 있는 산과 들과 바다 등 우주의 원초적인 세계는 농촌에 산재해 있다. 얼마나 많은 이러한 것들을 소재로 하였거나 주제로 하는 시들이 쏟아지고 있는가. 많은 사람들은 이상의 세계를 향하는 대상으로 그러한 시를 쓰거나 현실 도피의 방법으로 탈출구를 찾아 그러한 시를 쓰고 있지만 조영희 시인의 전원시 또는 향토시는 그것이 아니다.

밤안개 걷힌 늦가을 아침

잔주름 지우는 웃음을 날리면서

송이마다 쌓인 가만한 시한은 밤샘한 인고다
서릿발 세례에도
상냥한 그 매무새
길손들의 시름한 눈길에
자냥한 웃음을 머금는다
꽃잎마다 서려 있는 정분
인종의 고풍인 듯
신의 자애를 느낀다

– 〈야국〉의 전문

겨울은 봄을 잉태한 산실
생성하는 혼미 속에
순환의 법칙을 망각한
계절의 인고
풍요로운 복중에서 배설하는
봄의 시샘하는 눈

– 〈춘설〉의 일부

은근한 세월을
산속에 묻혀 살다가
진솔한 삶의 의미를

한 톨씩 주우려고
정겨운 이사를 하며
속세의 뜨락에 내려 앉는다
외롬을 잊는
활기찬 삶의 시작을

– 〈산새〉의 후부분

시는 자연의 모방이며 자연의 혈상이라는 말도 있다. 자연은 문학의 진실성을 지켜 주는 최후위 보루가 된다. 자연은 우주 만물이며 우주 질서이다. 따라서 인간은 자연을 통하여 질서를 배우고 자연과 함께 존재한다. 위의 시 세 편은 자연을 신의 피조무로 종교적 가치로만 보는 것이 아니라 인간적인 가치와 욕망으로 동일시되고 있는 것들이다.

자연을 그 자체의 가치나 의미보다도 시인의 자연에 대한 의식에 따라 형상화하고 있는 것들이다. 다시 말하면 〈야국〉에서는 서릿발 세례에도 상냥한 매무새를 짓는 다거나 길손의 시름한 눈길에 자냥한 웃음을 머금는다거나 들에 핀 한 송이 국화를 통해서도 자연의 존재 근거를 인간 정신이나 역사에 두고 있는 시인의 눈이 다르다. 시 〈春雪〉에서도 조영희 시인이 자연을 보는 눈은 색다르다. 거울은 봄을 잉태한 산실인데 풍요로운 복중에서 배설하는 눈이 봄을 시샘한다는 것은 춘설 곧 자연을 우리 인간 세계와의 인격화에서 보고 있는 것이다.

시인이 자연을 자신 속으로 끌어들여 그것을 내적으로 인격화하는 과정을 거친 것이다. 시 〈산새〉에서도 마찬가지이다. 산새가 진솔한 삶의 의미를 한 톨씩 주우려고 속세의 뜨락에 정겨운 인사를 하며 내려온다는 것은 자연 속에 시인 자신을 투사하는 방식을 취해서 의인화의 수법으로 자연을 보며 시를 쓰고 있는 것이다. 조영희 시인의 도시 문명에 대한 비판 또는 대립적인 견해는 곳곳에서도 엿볼 수 있으나 그의 시집《春雪》 후기에서도 지적한바 "웅장한 자연의 치밀한 조화를 통하여 따뜻이 트여지는 시의 발산들을 허투루 할 수 없는 감정 때문에 바쁜 일상들을 쪼개어 원고지와 씨름한 값싼 보상이나마 조그마한 이지와 판단을 향한 삶의 한 길을 착실히 지켜가는 과정으로 생각한다."라고 밝혀놓았다.

그 시집의 서문을 써 주신 생존 시의 신석정 선생님이 즐겨 소재로 다루고 있는 자연들은 절망적인 영혼이 마지막으로 붙들고 몸부림치는 최후의 언어였다는 것을 30년대 어둔 시적의 탓이라고 우리는 알고 있는 사실이다. 조영희 시인이 몸담고 살고 있는 오늘날에는 황폐화된 인간 정서를 순화하는 일대 작업으로서 자연의 소재들을 즐겨 동원해야만 하지 않을까 한다.

이제 끝맺음을 해야겠다. 인생은 유한의 존재이다. 나이 60

을 이 땅 위에 살아온 조 시인이 앞으로 얼마나 생존할지는 아무도 모른다. 장로라는 기독교 직분을 가진 그로서도 생명은 오로지 하나님 한 분만의 손에 달려 있음을 고백하는 입장이어서 이 사실을 믿을 것이다.

그래서 회갑 나이를 맞는 그로서는 어떻든 남은 여생은 지나온 생애보다는 짧을 것임을 인식하고 있을 것이다. 그 여생이 이제는 촉급한 시간에 쫓기는 듯 허무를 향하는 쪽으로 달려지지만 할지 모른다. 인제는 신의 뜻을 새롭게 재음미하여야 하리라 본다. 시는 'Poet' 즉 '만들다'라는 낱말에서 왔으나 시인을 창조하는 사람, 새로운 것을 만들어 내는 사람이라 한다.

시인을 시인이라 부를 수 있는 이유는 불가능한 것을 만들어 내는 힘이 있기 때문이라고 고대 그리스 사람들은 말해 왔다. 조영희 시인이 이제 완숙 단계의 연륜을 맞아하면서 시집을 발간하는 것은 앞에서도 말했지만 기념적인 창작 활동이다. 체력에서 이 힘은 발생하는 것이 아니라 정신력에서 나온다.

이 정신력은 기독교에서 말하는 하나님에 대한 마한한 감사에서 나오는 성령의 힘이라는 것을 항시 깨닫고 있어 든든하다. 마지막 그이 시 한 편을 소개하면서 이 글을 끝맺는다.

아래 시가 그의 입에서 떨어지지 않기를 빈다.

당신의 갸륵한 사랑으로

기도 충만 말씀 충만

만사가 충만하기를

당신의 뜻을

일구월심 간구하며

나의 강한 산성이기에

온전히 따르기만 바라는

긴한 소망뿐……

– 〈기도시 6〉

나의 오랜 친구, 목사 윤갑철

예로부터 부안(扶安)을 일컬어 산과 들, 바다가 잘 어우러져 천혜의 땅이라 했다. 생거부안(生居扶安)이라는 것이다.

아름다운 고장에선 언제나 이름있는 시인 묵객들이 많이 나온다고 했던가, 그래서 그런지 부안에는 유명한 시인, 소설가, 수필가 등이 많다. 여류시인 이매창(李梅窓)을 비롯, 시인 신석정(辛夕汀) 선생, 소설가 백주(白洲) 김태수(金泰秀) 선생 등 문명을 드높인 이들이 많다.

이화우 흩날릴 제 울며 잡고 이별한 님
추풍낙엽에 저도 나를 생각하는가
천 리에 외로운 꿈만 오락가락 하노매

이매창의 시다. 이 얼마나 아름답고 고운 싯귀인가. 이매창은 조선 후기에 당대 황진이와 쌍벽을 이뤘던 시인으로 이름이 높다. 그런가 하면,

어머니
당신은 그 먼 나라를 알으십니까?

깊은 삼림대 지대를 끼고 돌면
고요한 호수에 흰 물새 날고
좁은 들길에 들장미 열매 붉어

멀리 노루새끼 마음놓고 뛰어다니는
아무도 살지 않는 그 먼 나라를 알으십니까?

그 나라에 가실 때에는 부디 잊지 마셔요.
나와 같이 그 나라에 가서 비둘기를 키웁시다.

이 시를 읽었을 때 나는 아직 문학에 대한 이데올로기도 생각하지 못했던 때이기도 했지만, 나는 그만 이 시에 흠뻑 빠져 숨을 제대로 쉬기도 힘들었던 일이 있었다. 그 황홀감에 취해 몇 번이고 읽고 또 읽어 당장 외워버렸던 때가 생각이 난다.

사실 나는 사범학교에 다닐 때 시인 한성기(韓性祺) 선생에게 전주에는 유명한 시인 석정이 있다는 말을 알아 들어지만, 이번 처음 석정 선생의 시를 대하게 된 셈이었다.

이뿐인가, 부안에는 소설가 「황혼에 서서」의 작가, 백주 김태수(白洲 金泰秀) 선생도 부안에서 태어났다. 백주 선생은 소설뿐 아니라 희곡, 수필, 동화 등 모든 분야에 족적을 남기고 있다는 것을 알게 됐다.

그러니까 이 무렵, 60년대 초로 기억된다. 부안의 문맥을 이어나갈 또 한 사람 윤갑철(尹甲哲)을 만났다. 소설가 신석상(辛錫祥)을 통해 알게 되었지만, 윤갑철은 소설가로 만난 것이 아니라 아동문학가로 소개를 받은 것이다. 그때 윤갑철은 동시를 쓰고 있는 시인으로 명성을 얻고 있었다.

이 무렵 전주에는 소설을 쓰는 사람들의 모임인 「신창작」(新創作)동인회가 있었다. 회원으로는 신석상(辛錫祥, 삼남일보 문화부장), 이홍근(李洪根, 우석대 영문과 교수), 조종사(趙宗史, 전북일보 소설 연재), 박조웅(朴照雄, 조선일보 신춘문예 가작 당선, 회사원), 윤봉섭(尹奉燮, 서적 판매사원, 몇 년 후 동아일보에 소설 당선), 서재균(徐宰均, 초등학교 교사) 등이 있었다. 장르는 다르지만 윤갑철은 이들과 자주 만나 젊은 시절의 문학적 열정을 발산하고 있었다.

석상과 갑철은 어린 시절부터 친구사이였다.

이때 내가 갑철에게 관심을 갖게 된 것은 그가 아동문학에 관심을 갖고 있다는 것 때문만은 아니었다.

아동문학은 궁극적으로 그 독자가 어린이들이다. 문학 이전에 어린이 교육에 심대한 영향을 준다는 것을 깨닫고 있었던 터라 나는 눈이 번쩍 뜨이는 소리였다.

동화와 동시, 동시와 동화는 같은 동의어임에는 틀림이 없었다. 따라서 내가 동화에 대해 관심을 갖고 읽은 것은 교육을 위해서였다. 물론 학문적 이론이나 실제 창작을 했던 것은 아니었지만, 그래서 더욱 그에게 정보를 얻기 위해서 관심을 갖게 된 것은 사실이다.

이때 갑철은 나에게 동시, 동시의 음률적 문제에까지 이야기를 해줬다. 물론 동화는 몇 번 써본 경험은 가지고 있었다. 동화의 서술 형식은 소설의 그것과 비슷하다는 것을 느끼고, 어린이들이 즐겨하고 좋아하는 동화에 대해서는 아직 거기까지 못미치고 있다는 뜻이다. 어쨌든 나는, 갑철과 동화와 동시에 대해 본격적으로 대화를 시작했다. 결국 갑철의 극성에 가까운 열정과 애정, 인간적 심성, 순수한 태도에 이끌려 소설에서 아동문학으로 차츰 전향을 시작한 것이다. 갑철을 절대적으로 신뢰하고 있었다는 이야기다. 앞으로 석정 선생이나 백주 김태수(시인 김민성 선생의 부친)의 문맥을 이어갈 출중한 시인으로 성장하리라는 것을 믿고 있었다. 이를테면 갑철은, 문학을 어떤 생활의 방편으로나 목적에 따라 그 길을 걸어가고 있는 것이 아니라 진실한 문학적 삶에 대한 아름다운 꿈을 꾸고 있다는 점에서 그를 믿게 됐다는 뜻이다. 특히 아동문학의 불모지나 다름없었던 전북지방에 유일하게 갑철의 헌신적인 노력으로 잘 가꾸고 지켜온 덕에 오늘의 전북 아동문학이 튼튼하게 자리를 잡은 것은 아닐까?

여기에서 갑철의 아동문학에 대한 공헌도를 다시 한번 살펴보기로 한다.

윤갑철을 약관의 나이에 운명적으로 동시를 쓰기 시작했다. 조금도 게으름 없이 열정적으로 시작에 힘써 오고 있다. 그리고 40년을 훨씬 넘어 첫 시집을 냈다. 「시골 편지」, 「꽃씨의 꿈」 등 두 권이다.

역시 윤갑철이었다.

다른 사람들은 작품을 쓰기가 무섭게 신문이나 잡지 등 발표할 곳은 없을까 기웃거리고 다니는 경우가 일쑤인데 갑철은 그렇지 않았다. 이를테면 노출증이 별로 없었다는 이야기다. 그래서 작품을 쓰기 시작하고, 그래서 작품집을 내고, 그 공간이 40년이 훨씬 넘었다. 그만큼 소박하고, 겸손하고, 예의 바르고, 넉넉하리만큼 자신감이 있었다는 이야기일 것이다.

「시골 편지」나 「꽃씨의 꿈」은 제목만 보아도 무슨 경쟁심이나 자기 과신, 우월감에 대한 어떤 의식도 없음을 알 수 있다.

순수하고, 꾸미지 않고, 자연 그대로의 표현이, 갑철의 시 정신에 딱 맞아떨어진 아름다운 모습이다.

생명의 고귀함, 자연에 대한 사랑이 함축돼 있는 그 시 정신이야말로 윤갑철의 모습이다.

대부분의 문인들이 다 그런 것은 아니겠으나 한 장르의 문학에 집착하지 않고 이리저리 돌아다니는 문학의 방랑객들이 많이 있는 것이 현실이다. 그러나 갑철은 그런것까지도 조금의 흔들림 없이 동시 문학에 자부심을 갖고 전력을 다하고 있다는 이야기다.

비닐 하우스에는
봄 여름 가을이
옹기종기 모여 산다.

냉이랑 달래랑
양지쪽이 아닌데도
봄노래 부르고
딸기 참외 수박들이
원두막 꿈을 꾸며
여름을 노래하고

흰 국화 노란 국화
환한 웃음으로
봄 여름 가을을 부르며

비닐하우스에는
너도 없고 나도 없이
노래하며 산다.

– 〈시골 노래 4〉에서

윤갑철의 시는 모두가 시골 풍경이다. 시골 풍경에서 시작하여 시골 풍경으로 끝맺음을 한다. 시인의 마음이 곧 아름다운 시골 풍경이라는 뜻이다.

자연을 모르고, 자연을 잃어버린 도시 어린이들에게 때묻지 않은 생태환경을 깨닫게 함으로써 자연에 대한 동경과 그리움으로 간직하고, 보호하고, 가꿀 수 있는 능력을 배양한다는 것이 아동문학이 갖는 특수한 교육적 이미지라 할 수 있을 것이다. 물론 아동문학도 문학이기 때문에 문학성이 결여되서는 안된다는 것은 당연하다. 문학성이나 흥미나 재미가 있어야 한다는 이야기는 아동문학의 우선순위이다.

윤갑철의 다음 시를 살펴보자.

아무래도

사람은

시골에서

살아야 한단다.

누가 그러는데

서울은

깍쟁이가

될 수 밖에 없단다.

훈훈한

봄바람을 모르고

신선한

강바람을 모르고

이리 뛰고

저리 뛰고

살기 때문이란다.

– 〈시골 편지〉 중에서

윤갑철에게는 이후 신변에 많은 변화가 왔다. 그래서 그의 작품활동에도 소홀이 하고 있는 것은 아닌가 생각하게 된다.

이를테면 신학을 공부하고 목사가 되고, 따라서 신학적 이데올로기와 문학적 고뇌가 차츰 연륜과 함께 그의 사상적 갈등이 지금쯤 어느 길로 무게중심이 옮겨지고 있는지는 정확히 알 수는 없으나 어쩔 도리없이 그도 나이를 계산하고 있는 것은 아닐까? 생각하게 된다. 다시 말하면 동시집「마음의 일기」를 통해서 그런 변화의 모습을 보여주고 있는 것이다. 즉 목사님 윤갑철과 시인 윤갑철이 하느님이라는 고리로 연결되어 어떻게 조화를 이루느냐와 인간적 삶에 늘 숙제를 안고 있는 것은 아닌가, 그러나 이젠 궁극적으로 보면 모든 것이 사랑으로 귀결된다는 법칙을 어쩌지 못할 것이다.

다만 아쉬운 것은 부안의 문맥을 잇는 중심 역할을 못하는 것은 아닐까 걱정이 된다는 이야기다.

길

4월 7일 풍남문 광장에 비가 내렸다. 빗물에 씻겨 노란차선이 선명하게 빛이 났다. 마치 내가 가는 길을 안내라도 하는 듯 구도심을 향하고 있었다.

동쪽으로 우뚝 솟은 기린봉과 남쪽으로 완산칠봉이 나란히 마주보고 서서 시내를 내려다보며 유유히 흐르고 있는 남대천과 무슨 이야기라도 하듯 그 풍광이 정겹다.

전주 사람들은 노송동, 풍남동, 전동, 경원동, 완산동, 중앙동을 일컬어 원도심이라고 한다. 원도심에는 얼마 전까지만 해도 전라북도 청사가 있었던(지금은 행정 수요의 팽창에 따라 효자동으로 이전함.) 그 자리에 옛 전라감영의 터로 역사의 현장으로 복원하여 천년 위용의 자랑거리가 되고 있다.

나는 요즘 이 역사의 길을 걷는 재미로 마지막 남은 삶을 즐기고 있다.

아중리 마당재에서 시작하여 풍남초등학교 뒷길을 따라 옛 관선동파출소와 전주여중 정문에서 동문 네거리를 걷다 보면 언뜻 젊은 시절, 푼수 없이 촐랑거리고 다녔던 내가 거기서 춘몽처럼 아른거린다.

'석양집', 왜 하필이면 술집인가, 허기진 오후에 찾는 술집이 아니라 그 주변은 예술가들이 많이 찾는 곳이었다.

화실, 서예실, 공방, 책방, 화방, 맛집 등이 모여 있어 저녁이 되면 자연 화가, 문인, 음악인, 예술인들이 약속이라도 한 듯 모여들었었다.

그들은 방황과 갈등, 꿈과 희망, 낭만이 넘쳤던 서울의 명동과 같은 전주의 명동이었다. 지금은 그 거리가 석양의 태양처럼 서서히 기울어가고 있는 쓸쓸한 골목길이 되고 있음을 어쩌랴.

석양집은 소문난 선술집이었다. 선술집이란 홀 한가운데에 화덕이 있고 그 위에 술주전자와 김치, 깍두기 등 안줏거리 몇 가지 반찬을 술꾼들이 왈츠스텝으로 춤을 추듯 한 사람이 술을 마시고 뒤로 물러나면 다음 사람이 앞으로 나가 술을 마시는 순환운동의 서서 마시는 운동이다. 지금은 어느 곳에서도 찾아볼 수 없는 전주의 옛 풍경이었다.

이 집에는 특이하게도 의자가 하나 덩그러니 놓여 있었다. 이 의자가 가끔 신분의 차이를 갈라놓곤 했다. 아무나 앉을 수가 없었기에 하는 말이다. 웬만한 술꾼은 감히 그 자리에 앉지 못했다. 주인이 따로 있었기 때문이다. 바로 석정 선생님이 그 의자의 주인이었다.

석정 선생님은 학교가 끝나고 나면 어김없이 석양집을 찾았다. 석정 선생님이 근무하고 계셨던 전주고등학교와는 겨우 10분 남짓한 거리였다. 그곳을 찾는 사람들은 대부분은 석정 선생님을 좋아하는 젊은 문학도들이었다. 석정 선생님은 이들의 우상이었다. 그중엔 소설 동인 '신창작' 회원들과 '문예가족' 회원들, 그 밖의 시인, 화가, 서예가들이 모였다. 신창작 회원으로는 신석상, 박조웅, 이홍근(고), 윤형묵, 서재균, 그리고 시인 이기반(고), 황길현(고), 조기호 등이 자주 드나들었다. 만화가 권경승(고), 화가 전병하(고), 박민평(고), 유휴열 등도 자주 얼굴을 내밀었다. 서예가 조용태(고), 이재수(고)도 가끔 함께했다. 그러다 보니 이 집 술꾼들 중에는 공짜들이 많았다. 그러나 술값 때문에 시비를 벌이는 일은 없었다. 서로 내려고 다투기까지 했다. 술 인심 좋기로 세계적이었다.

석정 선생님은 젊은이들을 무척 좋아했다. 웬만한 버르장머리 없는 행동도 "허허허" 하고 용서를 하셨다.

석정 선생님은 천진난만한 어린이 같았다. 그래서 그렇게 만나면 그냥 반갑고 즐거웠다. 석정 선생님은 모든 젊은이들의 친구였다. 맑고 깨끗한 심성이 그랬다.

시인 석정 선생님은 외국에까지 널리 알려진 이름 있는 시인이었다. 유명한 시인은 천진난만한 심성을 가지고 있는 사람이라고 나는 생각했었다.

석정 시인은 어린이들도 무척 좋아했다. 길에서 아이들을 만나면 꼭 무슨 말이든 이야기를 해야 했다.

언젠가 전주초등학교 어린이 신문에 석정 선생님이 시 한 편을 써주셨다고 했다. 지도교사인 이규일 선생의 부탁이었다고 했다.

이규일은 똑똑한 선생이었다. 선생이 만드는 신문이 〈기린아〉였다. 선생은 글 잘 쓰고, 그림 잘 그리고, 웅변도 잘했다. 석정 선생님이 유난히 예뻐했다.

기린아
너는 좋겠다
목이 길어 좋겠다
먼 곳 아이들 볼 수 있어
너는 좋겠다

얼마 후 이규일은 서울중앙일보에 기자로 들어가 많은 활동을 했다. 당시 유명한 화가였던 천경자와 함께 세계일주화첩 기행에 참가, 화가는 그림을 그리고, 이규일은 세계에 이름 있는 경치를 글로 썼다.

어느 해 겨울이었던가 싶다. 이 동문 네거리에 함박눈이 하얗게 쏟아지던 날, 명멸하는 네온사인 불빛에 내 친구들과 나는 눈 위에 벌렁 누워 “눈이 내리네, 눈이 내리네” 눈 내리는 밤의 노래를 부끄러움 하나 없이 실컷 불렀던 일이 생각난다. 그 젊은 시절의 감정을 발산했던 사람들, 그들은 지금 어디서 무엇을 하고 있을까, 그 시절 그 사람들이 보고 싶다.

스포츠 중계의 함성처럼, 봄에 꽃처럼 피어나 여름밤을 활짝 채우고, 가을에 절정을 이루다가 겨울이 되면 조용히 떠나버리는 것처럼 인생의 삶도 이렇단 말인가.

요즘 길에 대한 사람들이 관심이 아주 높아진 것 같다. 길을 찾아 걷는 사람들이 많이 늘어난 것을 보면 그렇다는 뜻이다. 덩달아 나까지 그렇게 됐다는 이야기다. 사실 많이 들어본 이야기다.

제주 올레길, 지리산 둘레길이 있다는 말만 들었지, 한 번 가보려고 했거나 계획을 세워보지는 못했다. 이미 몸이 허락지 않을 것 같기 때문이다.

길에는 역사적인 것도 있다. 삼남대로, 영남대로, 관동대로와 같이 한양을 중심으로 팔도로 뻗어 있는 길을 나는 언제나 한 번 걸어볼 생각이나 해볼까?

오늘은 기업은행(구 전북은행)을 거쳐 경기전, 한옥마을을 지나 향교 쪽으로 길을 찾아 걸었다. 한참이나 가다가 문득 김남곤의 시 〈그 길〉이 생각나 여기에 적어본다.

그 길

길을 가고 있네
어둠이 장막처럼 밀려오고
어둠이 장막처럼 밀려가도
그 길 따라 고개 끄덕이며 말없이 가고 있네.

그 길 따라 분별없이 함께 가던 사람도
어둠이 어둠밖에 또 있거나 없거나
그냥 고개 숙여 순응하며
말없이 가고 있네.

먼 훗날도
그 길 따라 가던 사람도
그 길 따라 함께 가던 사람도
어둠이 어둠인 줄도 모르고
그 길이 그 길인 줄도 모르고
말없이 또 가고 있을 것이네.

어느 추석 성묫길의 삽화

추석 성묫길은 가을 정취가 물씬 풍겨 언제나 즐겁고 풍요롭다. 오늘의 산행도 그렇다.

옛날 마을의 산신제를 지내던 앞산마루 산제당 그네터엔 갈잎 풍성한 풀숲에서 풀벌레 소리가 요란하다.

산소가 있는 당산매기로 오르는 길가에는 오늘따라 갈대꽃이 활짝 피어 은빛 물결을 이룬다.

산제당 오른쪽으로 돌아 돌아 산길을 오르다 보면 길옆엔 올해에도 변함없이 으름나무덩굴에 으름이 주렁주렁 열려 성묫길의 사람들을 반갑게 맞고 있다.

사람들 마음을 상큼하고 재미있게 해주는 으름은 바나나처럼 길다란 껍질 속에 얼음과자가 붙어있는 것 같아 신기하고 달고 보드라워 맛있다.

모처럼 손자 손녀들까지 데리고 와 맛있게 먹고, 가지고 가서 친구들에게 나누어 선물도 해서 좋다.

성묘를 마치고 뒤돌아서니 멀리 보이는 산과 들판에 누렇게 익어가는 오곡백과가 한없이 평화스럽다. 그러나 가슴 한켠에는 어쩐지 서글프고 쓸쓸해지는 느낌이 드는 것은 아마도 흐르는 세월 탓은 아닐까.

어릴 적 생각이 난다. 원래 이 자리는 아무 쓸모없이 버려졌던 땅이었다. 이 땅을 아버지 어머니가 죽을 힘을 다해 파고, 또 파고, 개간을 해서 만든 밭이다.

개간한 땅에 제일 먼저 심은 것은 목화였다. 사람이 살아가는 데 가장 중요한 것이 옷이었기 때문이다. 물론 밭 주변에 콩도 심고, 팥도 심고, 옥수수 심고, 수수, 귀리도 심었다.

목화는 흰색의 다섯잎꽃이 피면 씨는 빼고, 씨에 붙어있는 면화를 원료로 실을 뽑고, 그 실로 무명을 짜고, 그 무명으로 옷을 만든다. 무명옷이다.

어머니는 그렇게 해서 만들어진 옷을 우리 형제들에게 입히고 마냥 즐거워했었다.

또 밭 한쪽에는 삼(대마)을 심었다. 삼은 온대지방이나 열대지방에서 재배하는 한해살이풀로 키 1m에서 3m까지 크는데 그 껍질을 벗겨 섬유의 원료로 하여 삼베실을 만들고, 그 실로 삼베옷을 만든다. 삼베옷은 올이 성글성글해서 여름에 입는 옷으로는 딱이었다.

아버지, 어머니는 참으로 부지런한 농군이었다. 한국의 무히카였다.

무히카, 세계에서 가장 가난한 대통령이 생각난다.

대통령은 월급을 받으면 그중에 90%는 떼어 생활이 어려운 사람들에게 나누어 주고, 대통령 업무가 끝나고 나면 원예나 채소 같은 농사를 지어 이웃과 모두 나누어 먹는 대통령이라면, 혹 동화 속에서나 나옴직한 이야기로 생각할 수 있겠으나 나는 그 실제 인물에 너무 감동했었다. 그의 나이가 나와 같았기 때문이기도 했지만 그의 행동이 보통사람들과는 너무 동떨어진 숭고한 이야기로 생각했기 때문이다.

우리나라에서 아주 멀리 떨어진 나라, 남아메리카에 있는 우루과이 대통령 호세 알베르토 무히카 크르다노(당시 80세), 대통령은 대통령 관저는 집이 없어 노숙을 하는 사람들에게 내어주고 자신은 원래 살던 허름한 농가에서 출퇴근을 하는 대통령이 바로 그 주인공이다. 아주 오래된 자동차를 타고 다니며 어려운 사람들을 돕는 대통령을 사람들은 어떻게 생각할까?

사실 호세 무히카 대통령도 대통령이 되기 전 1970년까지는 독재 정권과 싸우다가 여섯 발의 총상을 입고 붙잡혀 13년간이나 옥살이를 하며 죽을 고비를 여러 차례 넘기기도 했다고 한다. 사형선고까지 받았으나 가까스로 국제사면위원회의 도움으로 석방되어(1994년) 다른 정당에 가입하여 국회의원이 되었고, 얼마 후 무히카는 농수축산 장관이 되어 우루과이를 세계적인 농업국가로 만들어 세계적인 인물이 되었다는 이야기는 너무나 유명하다.

내 아버지 생각도 난다. 고일나무를 많이 심었던 아버지, 항상 과일나무를 많이 심어야 부강한 나라가 될 수 있다고 주장했던 아버지였다. 주장만 한 것이 아니다. 실제 자신도 집 주변이나 밭 주변 등 빈터에는 어김없이 과일나무를 심었다. 감나무, 배나무, 밤나무, 호두나무 등 조금이라도 소득이 되는 것은 무엇이든 심고, 또 심었다. 쉴 틈이 없었다. 그뿐이 아니다. 산에 오르면 무진장 널려있는 산나물, 두릅, 더덕, 도라지, 머루, 다래까지 캐다 심었다. 물론 그중에는 실패한 적도 있지만 대부분 성공을 했다.

아버지는 과일나무에서 얻어지는 것들은 모두 이웃과 나누어 먹거나 멀리 떨어져 살고 있는 자식들에게 나누어 주었다. 우루과이의 무히카처럼 말이다. 그러나 어쩌랴, 아버지가 돌아가신 후로는 그것들을 제대로 관리를 하지 못해 다른 사람들이 와서 캐가거나, 말라 죽거나 없어지고 지금은 그 흔적조차 찾아볼 수가 없다. 그래도 다행스러운 것은 아버지, 어머니의 묘 옆엔 감나무와 밤나무 몇 그루에서 감과 밤이 탐스럽게 열려 죽어서까지 이곳에 묻히고자 했던 아버지, 어머니를 고이고이 잠들게 하고 있다.

산소의 위쪽에는 허리가 휜 늙은 소나무 한 그루가 떡하니 버티고 서서 사방을 감시하고 있는 듯하여 마음이 놓인다.

잔디도 곱게곱게 잘 자라고 있다.

다행히 올해는 손자 · 손녀들까지 함께했으니 아이들의 가슴속에도 할아버지, 할머니의 따뜻했던 그 아름다운 모습이 노란 들꽃으로 예쁘게 피어 오래도록 잊지 않았으면 좋겠다는 생각을 하며 즐겁게 집으로 돌아왔다.

위문편지

그러니까 혈기방장한 군 생활 때의 이야기다. 군 생활의 하루는 지극히 감상적이고 스스로의 장래나 아름다운 꿈을 꾸게 하는 평범한 일상과는 너무나 다르기 때문에 자그마한 일이라도 후방의 소식은 고된 병영의 피로를 푸는데 여름철의 소나기와도 같은 것이었다. 그러던 어느 날, 초등학교 4학년에 다니는 어린이에게 위문편지를 받게 된 것이다. 내겐 그것이 큰 사건이었다.

***

"군인 아저씨, 군인생활이 퍽 힘드시지요? 그래도 저희들보다는 괜찮을 거예요. 저희들은 부모가 없는 전쟁고아들이니까요. 그런데 선생님은 우리들에게 일선에서 고생하시는 국군 아저씨들에게 위문편지를 쓰래요. 아무튼 쓰라니까 쓰기는 하지만 할 말이 별로 없어요. 미안해요. 꼭 해야 할 말이 있다면 우리 주위에는 전쟁고아들이 많이 있어요. 이 전쟁고아들이야말로 군인 아저씨들에게 할 말이 많을 거예요. 군인 아저씨들이 나라를 잘 지키지 못했기 때문에 고통을 겪어야 하는 어린이들이니까요. 다시는 이런 일이 없도록 나라를 잘 지켜주세요. 그럼, 안녕!"

덕산초등학교 4학년 정혜란

***

아주 짤막하고 간단한 내용이었지만 어린이의 솔직한 마음씨에 나는 그만 무거운 죄책감에 사로잡히고 말았다. 어찌 보면 위문편지가 아니라 천둥소리 같은 충고와 책임을 묻는 것이나 다름이 없는 편지였다.

나는 당장 아버지, 어머니도 없이 쓸쓸하게 생활하고 있는 이 소녀에게 따뜻한 말 한마디라도 전해야한다는 어떤 의무감 같은 것을 느꼈다.

금방 답장을 쓰기 시작했다. 그러나 상처받은 이 어린이에게 어떤 이야기를 써야 잠시나마 기쁨을 줄 수 있을 것인지 도

무지 생각이 나질 않았다. 오랜 시간이 흐른 뒤에야 간신히 몇 줄의 글을 쓸 수 있었지만, 그러나 아무리 생각해 봐도 이 어린이가 읽고 즐거워할 내용은 아니었다. 그때서야 비로소 나에게 문장력이 이렇게 없을 수가 있는가 생각하게 됐다. 그렇지만 난 꼭 답장을 써야 한다는 마음은 변하지 않았다.

편지를 띄운 지 며칠 후 답장이 왔다. 그저 고맙다는 답장편지 내용이었다. 나는 또 편지를 썼다. 아직 때묻지 않은 이 아름다운 소녀에게 빨간 장미꽃 한 송이 보내는 마음으로 편지를 썼다.

'대구시 산덕동 덕산초등학교 4학년 정혜란!'

혜란의 집은 그 부근의 고아원이었다. 편지에서 느끼듯이 예쁘고 맑은 표정의 어린이였다. 그곳에 내가 찾아간 것은 가을, 산과 들이 온통 단풍으로 붉게 물든 늦가을 오후였다.

혜란은 단번에 나를 알아보고 뛰어나와 나의 팔에 매달렸다. 한눈에 보아도 정에 굶주린 아이라고 생각하게 했다. 그러나 알고 보니 혜란은 고아가 아니었다. 엄연히 어머니와 언니가 있었는데도 고아원에 맡겨져 있었다. 어머니의 능력으로는 아이를 키울 힘이 없었던 모양이었다. 그 주변의 환경으로는 혜란을 양육하기엔 교육적인 분위기가 아니었다. 언니 또한 어느 집 아이를 돌보고 잔심부름이나 하는 불우한 아이로 겨우 초등학교만 마친 상태였다. 도무지 어린 혜란으로서는 견디기 어려운 불행한 환경이었다. 몇 년 후 나는 제대를 하고 학교에 다시 복직을 했다. 혜란이도 새 부모에 입양되어 고아원을 떠났다고 했다.

그 뒤로는 혜란은 새 부모의 사랑과 가정의 아름아운 이야기며, 중학교에 입학하고 그리고 학급 아이들과의 재미있는 이야기 등을 편지로 알려왔다. 아이들과 어울려 노는 모습을 사진으로 찍어 함께 보내오기도 했다. 나도 꼬박꼬박 편지를 보냈다. 방학이 되면 혜란은 친구들 몇 명과 함께 내가 근무하던 시골, 무주 삼방초등학교로 놀러와 며칠씩 놀다가기도 했다. 소식이 끊긴 것은 혜란이 고등학교에 입학하던 봄부터였다. 새 가정이 미국으로 이민을 가게 되었다는 한 번의 소식만 있었을 뿐 연락이 끊겼다.

지금은 70대 노년이 되었을 혜란에게 난 교훈 하나를 얻게 된 것이다. 그것은 편지를 쓰는 마음이다. 편지를 쓰는 일이야말로 나의 삶에 하나의 철학처럼 자리 잡고 있을 줄은 나 자신도 모르는 일이었다. 이를테면 편지를 보낼 곳이 없을 땐 어느 미지의 사람에게 나의 생각과 감정을 편지로 쓰게 되었다는 이야기다.

언제부터인지는 정확하게 알지 못하지만 나는 이따금 독일 출신 유태계 소녀 안네 프랭크를 생각하게 되었다. 독일군의

점령으로 나치의 박해를 피해 어두컴컴한 다락방에 숨어 지내면서도 꼬박꼬박 일기를 썼던 소녀의 기도를 생각하게 된 것이다. 비록 처참한 생활을 하면서도 일기를 쓰는 동안만은 그는 언제나 자유인이었다.

혈기방장한 시절, 나의 군 생활을 희망과 기쁨과 자유로움을 느끼게 된 것도 따지고 보면 이 작은 초등학교 4학년 어린이에게 받은 즐겁고 사랑스런 편지가 아니었던가 생각이 된다. 이미 60여 년이 훨씬 넘은 세월을 보내면서도 항상 꺼지지 않는 촛불처럼 내 머릿속에 남아있는 어린이의 편지 쓰는 모습과 때 묻지 않은 고운 심성 때문일 것이라고 믿고 있다.

비록 몸은 멀리 떨어져 있어도 마음은 언제나 곁에 있는 사람처럼 가깝게 느낄 수 있게 하는 것은 편지밖에 없는 것은 아닐까, 사람들이 말을 하게 되고 글을 쓰게 되는 것도 따지고 보면 서로의 따뜻한 사랑을 전달하기 위해서가 아닌가. 그러니까 나의 젊은 시절, 교단에 몸담고 있을 때 어린이들에게 편지 쓰기를 권장한 까닭도 바로 여기에 있었다. 어린이들이 하루를 생활하다 보면 재미있고 기쁜 일도 있지만 때론 괴롭고 슬픈 일도 있기 마련이다. 어린이들이 갑자기 결석을 하거나 말썽을 부리기도 한다. 이러할 때 이들에게 그러한 일들이 어찌 일어났는지에 대해 선생님에게 편지를 쓰도록 하는 것이었다. 이를테면 왜 지각을 했는지? 홰 결석을 했는지? 왜 다른 어린이와 싸움을 했는지? 왜 숙제를 안 했는지? 등에 대해 솔직한 마음으로 편지를 쓰게 한다는 뜻이다. 또 스승의 날이나 어버이날 등 잊을 수 없는 날엔 꼭 편지를 쓰도록 하는 것이다. 이때 나는 새로운 사실을 발견하게 된 것이다. 가정과 학교, 가정과 사회가 어린이들을 이렇게 만드는 것이 진정한 교육이 아닌가. 아이들이 솔직하고 거침없이 자기가 생각하고 느낀 이야기를 편지에 써서 교사에게 호소함으로써 교사는 미처 깨닫지 못한 것을 새롭게 발견하고 치유할 수 있는 방법을 연구하게 되는 것이다. 그들의 아픈 기억을 사랑으로 어루만져주는 계기가 된다는 뜻이다.

지금은 그때 그 아이들이 모두 사회에 나가 각계각층에서 무슨 일을 하며 어떤 일꾼이 되었을지 궁금하기도 하지만 그 '사랑의 편지쓰기'가 얼마나 많은 교육의 효과를 가져왔는지를 생각하게 된다. 신문사 기자가 된 사람, 작가가 된 사람, 교수가 된 사람, 공무원이 된 사람, 아이들을 가르치는 사람이 되었다면 그들은 어떤 교육을 했을까 생각하게 된다.

60여 년 전 대구 덕산초등학교 4학년 정혜란에게 배운 늙은 노인인 나는 옛날 어린이가 가르쳐준 대로 사랑하는 이들에게 이젠 자주 편지 쓰기조차 힘들게 되었으니 어쩌랴!

가을비

가을비 내리는 날은
오랫동안 잊고 있었던
혜란이 생각난다.

단발머리에 빨간 운동화
눈이 유난히 큰
대구 덕산초등학교 사학년 여자아이,

플라타너스 앙상한 동촌
억새 우거진 냇가에서
아버지 같은 군인 아저씨 좋아
즐겁게 뛰어놀던 귀여운 포메라니안.

가을비 내리는 날은
진종일 슬픔에 젖어 있던 아이
고아원 뒤뜰에서
먼 산만 바라보던 그 아이
그 아이가 보고 싶다.

산골 일기

아주 오래전, 산골 작은 학교에서 교편을 잡고 있을 때의 일이다. 내가 맡고 있는 반 아이들 중엔 유독 똑똑하고 예쁜 여자아이가 하나 있었다. 혜영이라는 아이였다. 혜영이는 서울 어느 고등학교 음악 선생님이었던 아버지를 따라 이곳으로 전학을 왔었다. 결핵을 앓고 있는 아버지의 치료를 위해 학교를 그만두고 이곳 산골로 오게 된 것이다.

혜영의 어머니는 그림을 그리는 화가였지만, 아버지의 병간호를 위해 온 가족이 함께 이사를 올 수밖에 없었다고 했다. 그런 어려운 환경에도 불구하고 혜영은 언제나 밝고 명랑했다. 다른 아이들이 그러하듯이 혜영은 도시 아이답게 얼굴이 유독 희고 고왔다. 농촌 어린이들과는 여러 가지로 달랐다.

혜영이네가 이 마을로 이사를 오자 마을 이장은 조그마한

집 한 채를 선뜻 내주었다. 지붕에 새로 기와를 올리고 집 안팎도 곱게 꾸몄다. 꽃을 심고 나무도 여러 그루 새로 심었다. 혜영이네가 이사를 오자 마을에는 피아노 소리까지 들려왔다.

혜영이는 이 피아노 소리를 들으면서 편지 쓰는 것을 무엇보다 즐거워했다. 서울 친구들에게 편지를 쓰는 것이었다. 시골의 아름다운 풍경과 시골 생활을 서울의 친구들에게 편지로 띄워 보내는 것이 여간 즐겁지가 않았다.

개나리, 진달래, 산철쭉이 흐드러지게 피는 마을 이야기, 시골 아이들의 순박한 이야기 등을 편지에 썼다.

얼마 후 혜영의 아버지는 나에게 뜻밖의 제안을 했다. 시골 아이들 중에는 중학교에도 못 가는 사람이 의외로 많으므로 이 아이들에게 중학교 과정의 배움의 길을 열어 주는 것이 어떠냐는 것이었다.

그의 제안에 나는 흔쾌히 동의를 했다. 교실은 아이들의 공부가 끝나고 나면 그 교실을 빌려 사용했다. 십여 명의 아이들이 모였다. 선생은 역시 혜영이네 아버지, 그리고 혜영이네 어머니와 나, 세 사람이 번갈아 가며 거의 일 년간을 가르쳤다. 무론 무보수였다. 학용품은 나와 혜영이 아버지가 댔다.

이 무렵 느닷없이 서울에서 혜영의 친구들과 그 부모들이 밀어닥쳤다. 혜영이네 아버지를 문병하기 위해 서울에서 내려온 것이다. 그것이 계기가 되어 시골 학교와 서울 학교가 자매

결연까지 맺게 되었다.

나는 이듬에 그곳을 떠났다. 그리고 혜영이와도 소식이 끊기고 말았다. 나는 혜영이의 이름도 잊고 몇 년의 세월을 보냈다. 그러던 어느 날 갑자기 지난날의 생각이 떠올라 혜영을 소재로 한 소년소설을 쓰기로 했다. 《산철쭉》이 그 제목이었다.

내가 근무했던 산골 학교는 산철쭉이 곱게 피는 곳으로 유명했다. 이 책이 나오자 몇몇 친구들이 출판기념회를 열어준다며 부득부득 일을 저질러 놓고 말았다. 그런데 그 자리에 난데없이 혜영이가 나타난 것이었다. 혜영이는 숙녀가 되어 있었다. 나는 오랫동안 헤어졌던 연인이라도 만난 것처럼 가슴까지 두근거렸다.

"선생님!"

"아니, 너 혜영이 아니야?"

나는 너무 반가워서 주위를 살펴볼 겨를도 없이 그만 혜영이를 덥석 안고 말았다.

내가 그 학교를 떠나 도시에 있는 학교로 전근이 되던 이듬해 혜영의 아버지는 세상을 떠나셨고, 어머니가 대신 학교를 맡아 아이들을 가르치는 일을 계속하다가 이젠 그만두고 그림 그리기에만 열중하고 있다고도 했다. 대학을 나온 혜영은 도시 학교의 발령도 마다하고 음악교사가 되어 이 학교에서 근무하고 있다는 것이다.

"그런데 네가 어떻게 이곳엘?"

숙녀가 된 혜영은 대답 대신 들고 있던 꽃다발을 나에게 내밀었다.

"선생님, 축하해요."

혜영으로부터 축하인사를 받자 나는 왠지 벌거벗은 내 몸뚱아리를 보이고 있는 것 같은 부끄러움으로 얼굴이 화끈거렸다. 당장 쥐구멍이라도 있으면 들어가고 싶은 마음이었다. 도대체 혜영이가 어떻게 알고 이 먼 곳까지 왔단 말인가. 혹시 혜영이가 내가 쓴 《산철쭉》을 읽었단 말인가. 도무지 이해할 수가 없었다. 내 작품을 읽고 혜영이는 무슨 생각을 했을까?

나는 궁금증으로 조바심이 생겼다. 그러나 그것을 혜영에게 물어볼 수는 없었다. 아무 의미가 없기 때문이었다. 다만 그날 내 친구들이 마련해 준 출판기념회는 나의 기억에서 오랫동안 잊히지 않는 소중한 추억으로 남아 있다. 동시에 나는 그날 이후 글을 쓴다는 것이 얼마나 두려운 일인가를 새삼스럽게 느끼게 된 것이다. 생각이 떠오른다고 마구 써대는 글, 그리고 탈고하기가 무섭게 발표할 지면이 없는가 신문이나 잡지를 기웃거리던 나의 노출증에 대한 부끄러움을 다시 한 번 깨닫게 된 것이다. 아무렇게나 써대는 내 무성의한 글이 혹 티없이 맑은 동심에 실망과 좌절로 그늘이 지게나 하지 않았는지, 밝고 명랑해야 할 어린이들에게 자칫 개나 고양이처럼 공격적 심성이나 심어 주게 되지는 않았는지 두려움으로 멈칫거리게 되었다.

이제는 글을 쓴다는 두려움도 그렇지만 글을 쓴다는 생각 자체도 희미해지는 것을 어쩌랴! 사람은 나이를 먹으면 조용히 앉아 속절없이 보낸 후회스런 일들을 황혼처럼 흘려보내야 하는데 어쩌면 보고 싶은 얼굴은 이렇게 많았던가, 하나하나 기억에 떠오르는 것은 또 무슨 까닭인가.

인간은 어쩔 수 없이 하늘이 만들어 놓은 피조물이라 그런가, 자꾸만 쇠잔해가는 늙은 나이가 부끄럽기만 하다. 혜영아, 잘 지내지?

내 고향 명천明川

내 고향은 온통 산으로만 빽빽이 둘러싸인 산골, 명천이라는 이름이 말하듯 냇물이 백옥처럼 고운 마을이다.

봄이 되면 앞산 뒷산 할 것 없이 붉게 물든 진달래꽃이 곱고 산등성이로 밭두렁으로 실안개라도 자욱이 내리는 날은 오색으로 피어나는 무지개가 더욱 아름다운 산촌이다. 가난했던 시절 나와 내 친구들은 곱게 핀 진달래꽃을 입술이 파랗게 되도록 따서 먹거나 아직 활짝 피기도 전 여리게 돋아나는 찔레꽃 새순을 잘라 먹는 재미로 봄은 더욱 즐거운 계절이었다.

이 시절의 마을 어린이들은 어른이 되어서도 언제나 가난했던 시절의 추억을 떠올리며 살아가는 즐거움으로 생각하고 있을 것이다. 나물을 캐러 나온 여자애들이나 놀리는 재미로 들로 산으로 쏘다니다가 어른들에게 호된 꾸지람이라도 듣는 날이면 그것이 오히려 즐거웠던 시절이었다.

봄이 가고 여름이 돌아오면 나와 내 친구들은 놀이터가 된 냇가 자갈밭에서 한여름을 보냈다. 어떤 아이들은 깊은 물에 들어가 멱을 감으며 놀기도 하고, 어떤 아이들은 삼태기나 족대로 피라미나 메기 등을 잡아 올리는 재미로 여름 한낮은 신바람이 났었다. 그러다가 장난이 심한 아이들끼리 만나기라도 하면 으레 밀서리, 보리서리, 감자서리로 해가 지는 줄도 몰랐다.

어디 어른들이야 이 시간이 그리 한가하랴. 남자들은 모두 논에 나가 김을 매거나 풀을 베고, 여자들은 밭에 나가 풋고추나 깻잎 등을 따서 저녁 반찬 준비에 바쁘지만, 아이들은 진종일을 퐁당거리며 노는 냇가가 마냥 좋았다. 저녁이 되면 어른들은 마당가에 모닥불을 피우고 모기를 쫓는 듯 하다가 조용히 냇가로 나가 하루 종일 흘린 땀방울을 씻어내는 것이 그날의 마지막 일거리였다.

밤이 조금 지나면 어머니는 으레 하지감자를 쪄서 할아버지와 할머니에게 먼저 드리고 우리들에게는 맨 나중에 크고 맛있는 것만 골라 나누어 주셨다. 그 어머니의 고운 손길이 더욱 그리운 여름철의 추억이다.

여름 한낮의 시골 아낙네들에게는 길쌈이 가장 우선이었다. 삼을 삶아 껍질을 벗기고 그것으로 실을 만들어 삼베옷을 짜내기까지는 할머니, 동네 아낙네들까지 모두 나서 수십 번의 손길이 오고 가야 했다. 나는 할머니와 어머니의 걷어 올린 하얀 무릎 위로 삼베실 이어지는 것을 바라보면서 잠이 들곤 했다. 하얗게 드러난 할머니와 어머니의 속살을 보면서 그 연륜의 삼베실 같은 인생을 배워 온 셈이었다.

지금이야 그런 모습은 눈 씻고 보려 해도 볼 수 없는 일이지만 그때만 해도 화학비료가 그리 흔하지 않던 시절이어서 대개의 농가에서는 유기농법으로 농사를 지었다. 이를테면 퇴비를 주었던 시절의 얘기다.

논에 마지막 김매기가 끝날 무렵이 되면 으레 마을 청년들은 풀베기에 동원된다. 그때가 풀베기에 가장 좋은 시기였던 모양이다. 내년의 보리농사나 밭농사에 쓰일 거름을 미리미리 준비하는 작업이었다. 이때의 풀베기는 일 년 농사 중에서 가장 큰 행사에 속해 있었다.

내가 살고 있었던 마을은 모두가 산으로만 둘러싸여 있어 풀베기는 그리 어려운 것은 아니었다. 나는 조금 나이를 먹으면서부터는 으레 이 풀베기 작업에 꼭꼭 끼어들었다. 청년들과 함께 풀을 베고 나르는 것이 그렇게 재미있을 수가 없었기 때문이었다.

풀을 베어 산더미처럼 쌓아놓고 저녁밥에 막걸리까지 곁들여 신바람이 나는 청년들과 함께 마루에 걸터앉아 밥 한 그릇 치워버리는 것이 나에겐 항상 자랑거리였다. 농촌 아이들은 이렇게 농사를 익히는 것이었다.

산골 마을에 가을이 되면 들판에는 여름 내내 땀 흘린 보람의 오곡백과가 무르익고 골짜기엔 머루며 다래며 으름 등이 풍성해 어디를 가나 먹을 것 투성이다. 초가지붕에는 탐스런 호박이 주렁주렁 매달리고 뜨락에는 빨간 고추로 포장을 친다.

송아지는 살이 쪄 뒤뚱거리고 농부들은 구릿빛 얼굴에 웃음꽃이 만발한다.

어린 시절 나는 형을 따라 메뚜기 잡는 것을 무척 좋아했다. 폴딱폴딱 뛰어다니는 메뚜기를 잡노라면 논두렁에서 넘어져도 좋고 논 물 구덩이에 빠져 옷을 흠뻑 적셔도 좋았다. 메뚜기 잡는 것이 끝나면 이젠 미꾸라지 잡는 일이 기다리고 있다. 논 가장자리의 물꼬에는 미꾸라지가 무진장으로 있었다.

이렇게 풍성한 산과 들, 오곡이 무르익고 추수가 끝나고 나면 어김없이 첫눈이 내린다. 첫눈이 내리기만을 기다리는 사람들은 물론 마을 아이들이다. 산골 아이들에게 겨울은 썰매타기와 토끼사냥으로 꿈이 영그는 계절이다. 눈이라도 수북이 쌓이는 날은 어김없이 마을 아이들은 약속이나 한 듯 모두 모여 토끼사냥을 나간다. 떡갈나무가 울창하게 우거진 도장골 뒷산에 올라 위로 뛰고 밑으로 뛰고 신바람이 나서 한참을 뛰다 보면 어느새 아이들은 하얀 눈으로 덮여 모두들 토끼로 변한다.

아이들이 썰매타기를 하거나 토끼사냥을 할 때는 어른들은 사랑방에 모여 바둑이나 장기를 두기도 하고 《유충렬전》이나 《옥단춘전》 등 옛날 소설에 심취되기도 한다.

이 무렵 우리 집 큰 사랑채에는 언제나 마을 사람들로 들끓었다. 마을에서 유일하게 우리 집에서만 사랑방이 있었기 때문이기도 했지만 어른들이 즐길 장기판이나 소설책들이 언제든 준비되어 있기 때문에도 그랬을 것이다.

우리 집 사랑채는 때로는 먼 곳에서 찾아오는 장사꾼들이 쉬었다 가기도 하고, 또 노래를 잘 부르거나 글을 짓는 사람들이 드나들며 풍류를 즐기기도 했다. 사랑채 앞에는 유난히 탐스러운 달리아꽃이 활짝 피어 많은 사람들을 즐겁게 해줬다.

나는 어린 시절을 아름답고 풍요로운 정서와 함께 살아온 셈이다. 거기에다 겨우 다섯 살의 어린 나이에 몇몇 아이들과 함께 할아버지로부터 《천자문》과 《계몽편》, 《명심보감》, 《소학》 등도 익혔다. 소위 요즘 말로 따지면 조기교육을 받은 셈이었다.

그러나 나는 할아버지의 교훈보다 아름답고 풍요로운 농촌의 풍경이 나의 마음을 언젠가는 농촌으로 되돌아가 여생을 마칠 생각으로 어린 시절 나의 고향을 그리워하고 있는지도 모른다.

시인 아닌 사람이 쓴 시

솔직히 말해서 나는 시를 잘 모른다. 어쩌다 시를 흉내 내어 몇 편의 시를 썼다 하더라도 그것에 대해 설명을 하라면 언제나 주저하기 마련이다. 시에 대하여 설명할 만큼 시를 잘 알지 못하기 때문이다. 그러나 나는 이따금 시를 쓴다. 수사법 등에 관계없이 전문용어로 표현되는 서론이나 시작법 같은 것에 대해 구애받지 않고 그냥 시를 쓴다. 그리움으로 시를 쓰고 있다고나 할까. 그렇게 무모하게 시를 쓰고 있다. 보이는 대로, 느끼는 대로, 수채화처럼 가볍게 쓴다.

여기에 내놓은 시도 딴은 마찬가지이다. 굳이 시라고 해야 할지, 시 아닌 잡문으로 해야 할지는 잘 모르겠으나 어쨌든 이 시에 대해 몇 마디 말을 꼭 해야 한다면 자연의 아름다움을 내 삶의 터전인 작은 서재 한켠에 몇 개의 화분으로 가꿔 소중하게 간직하고 있을 뿐이라고나 할까. 어떻게 설명할 자신도 없으면서 그저 내 분신처럼 항상 옆자리에 두고 슬프거나 쓸쓸하거나 외롭거나 할 때 이따금 꺼내볼 뿐 다른 뜻은 없다는 이야기다.

사람은 나이에 따라 혹은 계절에 따라 생각하는 색깔이 다르듯이 나이를 먹었을 때와 계절이 바뀌었을 때의 감정이 다르다는 것을 느끼게 되는 까닭도 바로 이러한 마음 때문이라고 나는 생각하고 있다. 이를테면 '아! 나이를 먹었구나' 할 때와 '아! 가을이구나' 생각할 때 사람은 어쩔 수 없이 지나온 아름다운 세상과 다가올 험난한 세상을 동시에 떠올리게 된다는 뜻이다. 내 시의 대부분은 그래서 더욱 조잡하고 보잘것없는지도 모른다.

그러나 나는 절대로 옹졸해지지는 않을 것이다.

사람이 나이를 먹으면 외롭다거나 쓸쓸해진다 해서 그런 것은 더더욱 아니다. 내 시는 이러한 점에서 다소 과장해서 표현한다면 비 오는 가을밤, 하나 둘씩 소리 없이 떨어지는 '낙엽'으로나 비유할 것이다. 따라서 내 시는 시의 영역으로서의 시가 아니라 내 삶의 넋두리쯤으로 생각해도 굳이 변명하지 않을 것이다.

시인은 비평이라는 것을 언제나 무서운 것, 현실엔 있을 수 없는 것이라고 생각한다.

시인은 한 편의 시를 쓰고 다음 새로운 경험을 하고 다음 시를 쓴다. 그 다음에 비평가가 맨 처음의 시에 대하여 올바른 점, 올바르지 않은 점을 말하면 그 시인은 어딘지 동감치 못한 느낌을 갖는다. 그러나 오늘날에 있어서는 문제는 많이 변했다. 다시 말하면 묵은 문제에 대한 훌륭한 비평을 한다 하더라도 새로운 문제를 해결하려는 시인의 기획을 혼란시킬 뿐이다.

– 〈C · 데이 루이스〉

어머니 산소

어머니,
어머니는 당신의 묘소에 잔디를 곱게 가꾸어 놓았습니다
가장자리 들국화도 잘 키웠습니다
하얀 들국화가 나에게
다소곳이 고개 숙이고
쓰르쓰르 쓰르나미도
노래를 했습니다

어머니 묘 앞에 앉아 술잔을 놓으니

가을이 살며시 다가와
제 마음대로 술을 따릅니다.
어머니는 말없이 웃기만 하고
백 살도 넘은 소나무는
휜 허리를 펴고
아, 젊은 시절이 그립다.

가을

여름 휴가 때 다녀온
덕유산 원통사,
어느새
가을이 찾아와
노랗게 물들였네.

옛 집, 텃밭에도
사랑채 앞 담장에도
빨갛게 물들였네.

뒤뜰 늙은 감나무엔

어머니 마음 같은
가을이 주렁주렁 열리고

내 바짓가랑이에도
옷소매에도
곱게곱게 물들어
돌아왔네.

하얀 들국화

비 오는 늦가을 오후
황방산 공동묘지 가장자리에
우산을 받쳐 들고
하얀 들국화 한 그루 피었다.

짓궂은 찬바람
손이 시려
호호 불며 핀
하야디하얀 들국화
패랭이꽃도 다 떨어졌는데

갈색 낙엽을 뚫고
유독
하얗게 핀
들국화.

아이 추워
말 한마디
할 줄 모르는 나이에
죽은 넋으로 핀
슬픈 들국화

영원한 담임 김용훈 선생님

교직에 몸담고 있는 사랑하는 P 군.

그러니까 내가 초등학교 6학년 때쯤의 일로 기억하네. 지금으로 따지면 학교 연구발표회 같은 행사인 듯하네. 여러 곳에서 손님이 오시고, 학교 안팎도 말끔히 정리를 하고….

학교는 온통 잔칫집같이 들떠 있었지. 우리 반은 사회과 수업으로 '도산 안창호(安昌浩)'에 대한 이야기를 주제로, 선생님이나 아이들, 모두 긴장하고 있었지.

이미 이 수업을 위해 우리는 그림연극의 준비를 끝내고 출발선 상에 있는 선수들처럼 탕, 소리가 나기를 기다리고 있었다네.

볼품없는 그림 솜씨에 시시한 내용이었지만 우리들이 손수 만들고, 쓰고, 준비한 것들이어서 여간 뿌듯한 기분이 아니었다네.

안창호 선생의 어린 시절부터 어른이 되어 전국을 돌아다니며 국민들을 계몽하고, 흥사단을 만들고, 독립운동을 하고, 그리고 돌아가시기까지 파란만장했던 일대기를 그림연극으로 꾸며 발표하는 것이지.

그림연극에 대한 설명은 누가 했는지는 정확히 알 수 없으나 몇 사람이 돌아가면서 대사를 외웠고, 나 또한 그중 한 부분에 출연을 한 셈이지. 그림연극이 끝나자 아이들은 한 사람씩 일어나 안창호 선생에 대한 훌륭한 점 한 가지씩을 발표했지. 담임 선생님은 한마디 말도 없이 내내 서서 빙그레 웃으시며 고개만 끄덕이고 있었다네.

짤막짤막한 발표여서 짧은 시간에 반 아이들이 거의 발표를 하자 마지막으로 선생님이 강단으로 올라가 근엄한 표정으로 하신 한마디의 말씀은 이러했어.

"오늘 여러분이 공부한 것은 도산 안창호 선생의 훌륭한 업적에 대해 공부를 했습니다. 그런데 오늘 여러분이 발표한 것 중에 가장 중요하게 생각해야 할 것은 '약속'이라는 것입니다."

선생님은 이 말씀만 남기고 수업을 마쳤다네.

'안창호 선생의 높은 뜻을 알아보고 우리 마음속에 횃불로 간직하여 오래도록 꺼지지 않는 마음의 양식으로 삼자.'라든가 '학생들은 안창호 선생의 높은 뜻을 본받아 훌륭한 사람이 되어야 한다.'라든가 하는 따위의 말을 하지 않았다네.

안창호 선생의 가장 훌륭한 정신인 '약속'은 어떤 일이 있어도 지켜야 한다는 것이 담임 선생님의 수업 목표였던 셈이지.

그때 그 선생님의 수업시간이 50년이 훨씬 지난 지금에 와서도 잊히지 않고 내 머릿속에 뚜렷이 자리잡고 있는 것은, 그때 그 선생님의 수업 방법이 얼마나 훌륭했는가를 새삼 느끼게 한다네. 물론 안창호 선생의 사상이 그때 어린이들의 가슴속에 너무 큰 감동으로 남아 있었던 탓도 없진 않겠지.

또 그것이 어른들의 약속도 아니고 어린아이와 생일파티에 참석하겠다는 약속을 지키려다가 왜놈 헌병들에게 붙들려 곤혹을 치렀다는 이야기는 감수성이 예민했던 시절의 우리들에겐 언제나 마음속 깊이 울리고 있는 종소리로 기억하고 있네.

"선생님, 안 됩니다. 지금 밖에는 일본 경찰이 선생님을 잡으려고 혈안이 되어 있습니다. 지금 나가실 수 없습니다."

"아니야. 앞으로 이 나라의 독립을 위해 몸을 바쳐야 할 어린이들에게 약속을 지키지 않으면 어른들에 대한 믿음이 없어지게 되므로, 그렇게 해서는 안 되지. 그래서 꼭 가야 한다네."

물론 이날의 수업 주제는 안창호 선생이 어린이의 생일파티에 참석하는 길이 너무 위험하고, 잘못하다가는 일본 경찰에게 잡히는 꼴이 되면 우리의 독립운동에 큰 지장을 가져올 것이 뻔한 데도 어린이와 한 약속을 지키려다가 결국 일경에 잡히게 된다는 이야기지.

약속. 약속이란 생각하는 사람에 따라 어떤 형태의 인간적 가치 기준으로 평가할지 모르지만 약속이라는 말처럼 인간의 진실을 파악하는 척도가 되지 않겠나 생각하게 되네.

법률이 양심과 관계 없는 사회적 생활규범이라고 한다면 약속은 양심을 바탕으로 한 사회적 규범이 되는 셈이지. 약속을 지키지 않는 생활이란 상호불신의 관계를 갖는다는 뜻이지. 서로 신뢰할 수 없다는 말은 결국 불안과 배신을 낳게 된다는 뜻이지. 그러므로 안창호 선생은 거짓약속은 자신을 망하게 하고, 사회를 망하게 하는 것이라고 계도했고, 약속을 몸소 실천한 사람으로 유명하지.

"그까짓 어린이와 약속을 지키려다 민족의 장래를 그르쳐서야 되겠습니까."라는 말에 "앞으로 이 나라를 이끌고 나갈 어린이들에게 진실을 심어주지 않고 거짓을 심어주어서는 결코 조국의 독립은 기대할 수 없다."는 말로 대답했을 것이네.

약속이란 이렇게 하기도 힘들고 지키기도 어렵다는 것을 잘 일깨워준 말이지.

우리는 요즘 지키지도 못할 약속을 하는 사람들을 많이 보고 있지 않나. 정치인들이 그렇고, 정부가 그렇고, 단체가 그렇고, 회사가 그렇고, 사회가 그렇고, 가정 또한 그렇지 않나.

윗사람이 아랫사람에게 자신의 힘을 과시하기 위해 아무 생각없이 떠드는 약속, 직장 상사가 부하 직원들에게 자신의 무능을 변명하기 위해 마구 내뱉는 약속, 정치인들이 유권자들의 표를 의식, 지키지도 못할 공약을 남발하고, 정부가 국민들의 여론이 무서워 지키지도 못할 약속을 하고, 선배와 후배가 조그만한 이익을 놓고 거짓약속을 하고, 심지어는 부모와 자식간에 그렇고, 형제간에도 그렇지 않나.

약속의 남발, 자신은 지키지 않으면서 남이 약속을 어길 땐 냉정하게 비판하는 사람들. 약속을 지키지 못하는 사람이 어떻게 규칙과 법률을 지킬 수 있을 것인가. 또 질서는 지킬 수 있을 것인가.

약속을 지키지 못하는 사람을 우리는 민주시민이 아니라고 하지 않나. 법을 지키지 않는 사람을 범죄자라고 하는 것과 마찬가지지.

또 규범이나 법을 지키지 않는 사람을 야만인, 혹은 악인이라고 하는 뜻도 여기에 있는 것이 아니겠는가.

다시 한번 생각해 보세.

우리들 주위에 우리의 직장에, 우리 사회에, 우리 국가에, 우리가 속해 있는 단체에는 그런 야만인은 없는지 말일세.

그런 사람들 때문에 골치를 앓고, 실망을 하고, 사기를 잃고, 능률이 오르지 않고, 미워하고, 질시하고, 한 번 생각해 보자는 말일세.

사랑하는 P군.

약속이라는 말은 이제 그만하기로 하세. 실은 내가 하고자 하는 말은, 그렇게 약속이라는 이야기를 가르쳐 주신 스승에 대한 그리움을 이야기하고자 하는 것이었네.

그때, 그 어린 시절에 겪은 기억의 파편들이 지금까지 머릿속에 남아 있는 것은 무엇 때문이겠나. 훌륭한 수업이란, 수업의 내용이 오래도록 수업을 받은 사람의 머릿속에서 잊히지 않는 것이라고 하지 않나. 그래서 선생님들은 그런 수업을 하기 위해 수업 연구를 하거나 교수학습법을 연구하는 것이 아니겠나.

내가 지금 50년이 훨씬 넘도록 어린 시절의 안창호 선생에 대한 수업이 지금까지 잊히지 않는 까닭이 바로 그런 것이 아니겠나. 그때, 그 수업을 하셨던 선생님의 얼굴 표정까지도, 나이를 먹으면 먹을수록 새롭게 빛나는 것은 선생님의 무한한 제자 사랑과 끊임없는 연구 노력에서 온 것이 아닌가 생각한다네.

나도 교단에서 10여 년을 넘게 보냈지만, 나는 그런 수업다운 수업 한 번 못해 본 것이 여간 후회스럽지 않다네.

오래도록 기억에 남는 수업을 한다는 것도 어렵지만, 오래도록 학생들로부터 존경을 받는 스승이 되는 것은 얼마나 더 어렵겠나. 다시 한 번 교육의 힘이 얼마나 큰가를 느끼는 것은, 오늘의 교단을 보면서 더욱 감회가 깊네.

사랑하는 P 군.

선생의 똥은 개도 안 먹다는 이야기는 무엇을 뜻하는 말이겠나. 그만큼 사랑하는 제자들을 위해 몸도 마음도 다 버려야 한다는 이야기가 아닌가.

50년 전의 그 스승이 그리운 탓도 따지고 보면 오늘의 교육현실 때문에 더욱 그러하다.

교육은 천직이라고 하지 않나. 기왕 교단에 몸을 던졌으면 오래오래 제자들의 머릿속에 잊히지 않는 스승이 되어주기를 진심으로 바라네.

우리 시대의 덕목이자 큰 스승

그러니까 꼭 53년 전으로 기억된다. 이를테면 무슨 일에도 호기심과 열정으로 빠지기 쉬운 고등학교 2 · 3학년 시절이었다.

여느 다른 학생들처럼 나 또한 어떤 물결처럼 일렁이고 있었던 문학이라는 열병에 걸쳐 있었다.

이 무렵 나는 주요한(朱耀翰)의 〈아름다운 새벽〉 김안서(金岸曙 · 金億)의 〈해파리의 노래〉, 한용운(韓龍雲)의 〈님의 침묵〉, 김동환(金東煥)의 〈국경의 밤〉 등의 시에 푹 빠져 밤을 지새던 때였다. 다행히도 나는 시인 한성기(韓性琪) 선생에게 국어를 배우던 사범학교 시절이므로 시인들의 많은 작품을 접할 수 있는 기회가 있었다.

그때 시인 한성기 선생이 우리들에게 자주 들려준 시인으로는 홍사용(洪思容)의 〈봄은 가더이다〉, 변영로(卞榮魯)의 〈조선의 마음〉, 김상용(金尙鎔)의 〈망향〉, 김영랑(金永郎 · 允植)의 〈금강의 달〉, 이상화(李相和)의 〈빼앗긴 들에도 봄은 오는가〉, 김소월(金素月)의 〈진달래〉, 이병기(李秉岐)의 〈파랑새〉, 〈밀보리〉, 신석정(辛夕汀)의 〈그 먼 나라를 알으십니까〉 등의 시에 대해 설명을 해주었다.

책 한 권 사기 어려웠던 나로서는 한성기 선생 댁을 자주 들러 시집을 빌려다 밤을 지새며 노트에다 적어놓고 돌려드리는 행운을 누리고 있었다.

나는 집안 형편에 따라 고모네가 살고 있는 대전에서 학교를 다녔지만, 고향 친구들은 모두 전주로 진학을 했으므로 그리운 것은 언제나 그 고향, 어린 시절 뛰어놀던 그 산, 그 들, 그 냇가, 그 친구들로 밤을 이루지 못하는 날이 한두 번이 아니었다. 그래서일까. 내가 해강 선생이나 석정 선생을 존경하고 흠모했던 것도 따지고 보면 무리는 아닌성 싶었다.

시인 한성기 선생의 설명처럼 석정 선생은 시적 감정이나 시적 환상이 유난히 맑고 깨끗하고 아름답기 때문인지도 모른다.

내가 더욱 관심을 갖게 된 것은 석정 선생의 시의 제목이었다. 석정 선생의 시제는 문장처럼 길고, 묻고 대답하는 형식이어서 읽는 사람의 마음을 끌기에 호기심을 가질 수밖에 없었다.

〈나의 꿈을 엿보시겠습니까〉, 〈그 먼나라를 알의십니까〉, 〈먼 날이 지내면 아직 촛불을 켤 때가 아닙니다〉, 〈봄이며 당신은 나의 침대를 지킬 수가 있습니까〉 등 제목에서도 많은 이야기가 담겨져 있다는 것을 깨달으면서 나는 먼발치에서나마 석정의 모습을 한 번 만이라도 보았으면 하고 조바심을 내기도 했었다.

그 후 나는 학교를 졸업했고 시골 작은 학교 교사로 발령이 났다.

나의 고향이자 모교에서 평범하게 일 년을 보냈다. 다행히 고향 모교에서 교편을 잡게 되어 시나 소설에 심취해 보잘것없는 작품활동에 눈치를 보지 않아도 되었다. 그러나 나는 문단 등단의 문턱에도 기어오르지 못하고 번번이 고배를 마시는 경험을 했다. 아울러 나는 시인으로서, 소설가로서 자질과 문학적 역량이 없다는 것과 문학적 열정도 차츰 식어가고 있다는 것도 함께 터득하고 있었다.

그 무렵 나는 군에 입대했다. 병영생활은 젊은이들에게 많은 것을 새삼스럽게 했다. 그런 군 생활이 쇠잔해져 있던 내 가슴에 서서히 불꽃이 되어 타오르고 있다? 생각했을 때 나는 소설가 권영국을 만났다.

영국은 나와 같은 해에 졸업을 했는데도 이미 기성작가가 되어 있었다.

영국을 보자 나는 부질없이 내팽개쳐 버렸던 희망과 욕망이 용솟음치기 시작했다.

나는 영국과 같은 내무반 옆 침대를 쓰고 있었다. 다행히 군생활은 출퇴근이 엄격히 지켜지는 2군 사령부에 배속되어 있었으므로 영국과 나는 매일 밤, 문학이야기로 지새는 날이 많았다.

군사복직으로 제대 특명이 날 때까지 거의 1년이라는 세월을 나는 이곳에서 보냈다.

이 기간 동안 두 사람은 이따금 대구매일(大邱每日)신문에 콩트나 수필 등을 발표하여 군생활의 무료함을 달랬다.

나는 얼마 후 제대를 했고, 그리고 복직을 했다. 또 몇 년 후엔 전주 시내 어느 초등학교로 전근이 되었다.

전주에 자리를 잡자마자 소설동인(小說同人) '신창작(新創作)'의 동인이 되면서 석정 선생을 처음으로 만나볼 수 있는 기회를 갖게 된 것이다.

아직 문단의 끝자리에도 끼지 못한 내겐 대단한 영광이며 기쁨이 아닐 수 없었다.

생각대로 석정 선생은 거인이었다. 시인으로서만 아니라 인품 또한 그랬다. 훤칠한 체격에서 뿜어 나오는 과묵한 인상에 말 한마디 한마디 근엄하고, 엄격하고, 도도한 기상이 나를 숨죽이게 했다.

"어이, 서 군 이름이 뭐라 했지?"

"예, 서재균이라고 합니다. 풍남초등학교에서 근무하고 있습니다."

"응, 나하고 한동네군."

"선생님, 신창작 동인입니다."

신석상이 나 대신, 서 선생도 소설을 쓰고 있다고 소개했다.

"선생님, 반갑습니다. 학교에 다닐 때부터 선생님 뵙는 것이 큰 꿈이었습니다. 정말 영광입니다."

"아, 그래?"

우리는 그날 몇 차례 자리를 옮기면서 술을 마셨지만 촌닭 관청에 잡아다 놓은 것처럼 기가 콱 죽어 앉아 있기만 했다.

석상은 석정 선생과는 아주 가까운 사이처럼 보였다. 몹시 부러웠다.

고매한 인격의 노시인을 가깝게 할 수 있다는 것은 여간 반가운 일이 아닐 수 없다. 그러나 버릇없이 대하는 것은 용서할 수 없는 일이어서 나는 조심스럽고 어려워 말 한마디 할 수 없었다.

그 뒤에도 석정 선생과는 자주 만날 기회가 있었지만 언제나 대하기가 어려웠다.

아무리 노소동락이라 하지만 노스승을 젊은 우리들처럼 대폿집에서 모실 수가 있겠는가. 조금은 고급 술집으로 모시겠다고 했지만 석정 선생은 절대로 허락하지 않았다. 사람들이 많이 모이는 곳이 좋지 않으냐는 것이다.

석정 선생이 자주 들르는 곳으로는 옛날 시청 맞은편 골목 안 미산주장이었다. 하치장이어서 값싸고 술 많이 주는 곳으로 월급쟁이들의 천국이나 다름이 없었다.

그 무렵 이 집에 자주 들르는 사람으로는 시인 이기반 선생, 극작가 박동화 선생, 드라마 작가 최호영 선생, 그리고 가난한 문인, 화가들로 초만원이었다.

그 뒤 소설동인들은 모두 약속이나 한 듯 각기 생업을 따라 서울로, 광주로 흩어지고, 나만 전주에 남아 있다가 문예가족 동인으로 활동하면서 석정 선생과 자주 만날 수 있었다.

어느 날 석상이 서울에서 내려왔다. 별 사람의 친구들과 만나 대낮부터 술을 무던히도 마셨다. 그런데도 친구들은 한 집 더 가서 마시자고 했지만 석상이 반대했다.

석정 선생에게 인사나 하고 더 마시자는 것이었다. 술이 취했는데 어떻게 어른께 인사를 하느냐고 했지만 석상이 시간이 없어 그렇다며 고집을 부렸다.

뜨거운 여름의 오후였다.

도리 없이 우리는 석정 선생을 찾아 인사를 했다.

"술 먹고 찾아와 죄송하게 됐습니다."

"아니야, 괜찮은데 이 버릇없는 석상이 이놈은 미안하게 생각해야 돼."

처음에는 석정 선생의 말 뜻을 잘 몰라 궁금해하고 있는데 석정 선생은 계속 웃고 있는 것이 아닌가.

"옷을 벗고 있다가도 어른께 인사를 하려면 옷을 입고 하는 것이 예의인데 석상이 이놈은 입었던 옷도 벗고 인사를 하니 말이야."

그때서야 우리는 석상이 몸에 걸치고 있는 것이 런닝셔츠라는 것을 알고 박장대소를 했다. 와이셔츠는 마룻바닥에 아무렇게나 던져져 있었다.

참으로 민망한 일이어서 친구들은 석상을 꾸짖었지만, 석정 선생은 버릇없는 손자 놈 타이르듯 가볍게 석상의 머리를 토닥거릴 뿐이었다.

나는 그때만 해도 시인이나 소설가가 되기 위해서는 자신의 가슴 속에 꿈틀거리고 있는 감정을 억제하거나 숨기는 것은 지극히 가면적인 것이라고 생각하고 있었다. 그러나 석정 선생의 몸가짐을 보면서 시인은 시인이기 이전에 먼저 자신을 다스릴 줄도 알아야 한다는 것이 문학인들이 갖추어야 할 덕목이라는 것을 알게 되었다.

한때 '문학인의 자세'가 문제가 되어 심심치 않게 연구의 대상처럼 입에 오르내릴 때가 있었다. 단순히 문학인이라는 이름 하나만 가지고 모든 영역에서 특별한 대우를 받아야 하는 사람들처럼 착각하고 있는 무뢰한들이 있었기 때문이었다.

그런 사람들에게 석정 선생의 존재야 말로 큰 스승이 아닐 수 없었다. 석정 선생은 그래서 나와 같은 시에 대해 잘 알지 못하는 사람들에게도 아무 부담없이 마음을 활짝 열어주는 여유를 가지고 있었는지도 모른다.

언제이든가 어떤 친구 한 사람이 나에게 석정 선생께 결혼 주례를 부탁한 일이 있었다.

1960년 조선일보 신춘문예에 소설로 가작 당선까지 한 사람이어서 직접 석정께 말씀드리라고 했지만 그동안 자주 찾아 뵙들 못해 죄송스러워 주례를 부탁할 수가 없다는 것이었다.

물론 이 사람도 석정 선생과는 잘 알고 있는 터여서 그렇게 해보겠다고 선뜻 대답했다.

나는 바로 선생 댁을 찾아가 그렇게 부탁을 드렸다. 그랬더니 조웅이의 주례야 당연히 내가 해야지 했다.

결혼식 날 아침 나는 주례를 모시러 갔다.

이른 아침은 아니었지만 석정 선생은 벌써 준비를 다 하고 앉아 있었다. 그런데 어떻게 된 일이인지 작은 탁자에 술과 술잔을 앞에 놓고 있었다.

"너도 한 잔 주랴?"

"아니에요."

"주례를 하려면 주례의 얼굴이 조금은 발그스레해서 건강하게 보여야 하는 거야."

나는 그날, 작은 일에까지 품격을 잃지 않으려는 선생의 마음씨에 다시 한 번 감탄을 했다.

소년처럼 해맑은 웃음의 노스승에 대한 가슴이 저미도록 고마움을 느낀 일은 영원히 잊지 못할 것이다. 그때 석정 선생이 와병 중에 있었다는 이야기를 뒤늦게 듣고 환후 더 무겁게 한 것이 아닌가 해서 몸 둘 바를 몰라 하고 있을 때 오히려 석정 선생은 오늘 재균이 너 때문에 아주 즐거웠다며 칭찬을 했다.

석정 선생의 후배, 제자 사랑이 얼마나 지극한가를 보여준 가슴 뭉클한 모습이었다.

그 후 나는 신문사로 자리를 옮겼고, 옮긴 후에는 자주 만나 뵐 수가 없었다. 얼마 후 석정 선생이 갑자기 쓰러져 병원에 입원했다는 이야기를 듣고도 설마, 어쩌려더냐, 머뭇거리다가 나는 오랫동안 씻지 못할 회한을 짊어지고 살아야 했다.

은혜에 대한 배신, 올바른 삶의 길잡이에 대한 반역, 문학인으로서 정신적 결핍 등 진실의 탐구에서 고개를 들 수가 없다.

고향길

시냇물 소리가 요란하다. 오랜만에 들어보는 고향의 소리다. 밤의 적막을 뚫고 쏟아지는 향긋한 바람이 너무나 아름답다.

자주 들르지 못하는 고향, 그 고향의 늙으신 부모님이 불현듯 생각이나 나 서둘러 집을 나섰다. 그런데 우연히 옛 친구들을 만났다. 친구들은 나를 보자마자 내 손을 잡고 대폿집으로 이끌었다. 술에 기대어 그동안의 회포라도 풀자는 뜻이었다. 한 잔, 두 잔, 술이라는 놈은 시간을 따지지 않았다. 날이 어두워져서야 황홀한 시간은 끝났다. 친구들은 친절하게도 승용차까지 내줘 고향 마을에 즐겁게 도착했다. 마치 말 타고 귀향하는 개선장군처럼 으쓱해서 거들먹거리기까지 했다.

겨우 60호 남짓한 산골 마을, 명천이 내가 나고 자란 곳이다.

갑자기 온 마을 사람들이 모두 나와 나를 반갑게 맞아준다.

기분이 하늘로 치솟아 오른다. 그 환상에 빠져 나는 마을 앞 풀밭에 털썩 누웠다.

밤하늘에는 온통 별빛으로 북 치고 장구 치고 난리다.

수백 년, 수천 년, 변함없이 흐르는 냇물은 언제나 덕유산 준령에서 흘러나와 명천마을 양지뜸, 음지뜸 한가운데를 가로질러 금강을 따라 먼먼 바다로 간다.

얼마를 지났을까? 술에 취해 잠깐 잠이 들었던 것인가? 깜짝 놀라 벌떡 일어났다.

조금 전까지 맞아주던 마을 사람들, 그리고 북 치고 장구 치던 별들은 모두 어디로 사라졌는지 쓸쓸한 적막감만 소용돌이 치고 있다.

양지뜸을 바라보았다. 음지뜸을 바라보았다. 아무리 보아도 이곳은 내 고향 명천이 아니었다.

갑자기 정신이 몽롱해진다.

이게 도대체 어떻게 된 일인가? 지금까지 나는 무엇을 보고, 무엇을 생각하고, 무엇에 취해 황홀경에 빠졌던 것일까? 귀신 곡할 일이다.

술 때문인가? 아니 친구들이 내준 승용차 기사가 착각해서 내가 모르는 마을에 데려다 놓고 간 것은 아닌가? 아니라면 내가 서 있는 이곳은 도대체 어디란 말인가?

갑자기 두려워진다.

불이 켜있는 집은 없는가, 불이 켜있는 집이라도 있으면 찾아 들어가 보기라도 했을 것인데 불 켜진 집도 없었다.

큰일이다.

이 근방에 내가 모르는 마을이 있었던가? 이 일을 어쩌면 좋단 말인가?

늦은 밤, 딱히 연락할 곳도 없다. 자동차도 없다. 지금은 몇 시나 되었을까? 늦가을의 밤바람이 차다. 찬바람이 문제가 아니라 졸음이 문제다. 자꾸만 졸음이 쏟아진다. 가볍게 옷차림을 하고 온 것이 후회스럽다. 저체온증이 문제다. 저체온증에 걸리지 않으려면 많이 움직여야 한다. 운동을 해야 한다. 날이 어두우니 마땅히 운동을 할 수도 없다. 어쨌든 길은 있으니 길을 따라 움직여야 한다. 길을 따라 마을 위로 올라갔다. 그리고 또다시 아래로 내려갔다. 미친 사람처럼 정처없이 걸었다.

시골 마을, 옛날에는 짐승보다 사람이 더 무서울 때가 있었다. 산속으로 깊숙이 숨어든 공비들이 마을로 내려와 '보급투쟁'이니 뭐니 해서 사람들을 괴롭힌 때의 이야기다. 그땐 마을을 서성이는 낯선 사람이 있으면 간첩이 아닌가 해서 무서워 떨던 시절이었다.

마을 위에는 수백 년이 넘는 늙은 팽나무 몇 그루가 있었다. 이 마을의 역사와 함께 애환을 겪었을 이 나무를 보니 이 마을 사람들의 쉼터로 그럴싸했다.

마을 위로 조금 더 올라갔다.

"앞으로 더 이상은 오르지 마라."

앞을 가로막고 서 있는 절벽 같은 높은 산이 버티고 있었다. 아, 이 산이 덕유산이 아닌가? 1천6백14m의 덕유산. 동으로 경상도, 북으로 충청도, 남으로 전라도, 산으로 산으로 오르는 사람들에게 즐거움과 풍부한 먹거리를 주는 그 덕유산, 그러고 보니 우리 마을이 차츰 보일 듯도 했다.

어린 시절, 나와 내 동무의 놀이터였던 곳이 아닌가, 함박눈이라도 펑펑 쏟아져 내리는 날이면 토끼사냥으로 온 산을 뒤지며 뛰어다니던 곳, 그곳이 아닌가? 갑자기 옛날이 그립다.

축구공이나 야구공이 없었던 시절, 새끼줄을 꼬아 축구공, 야구공을 만들었던 시절이 생각이 난다. 방울치기의 방울은 소나무 열매인 솔방울로 (요즘 하키 같은 놀이) 운동을 했었다.

밤엔 뭐니 뭐니 해도 사랑방에 모여 어른들에게 듣는 도깨비 이야기지. 정식이네 집엔 먼 친척뻘인 이야기꾼 아저씨가 있었다.

"옛날 어느 마을에 효심 지극한 착한 아이가 있었어. 어느날 어머니가 마을 가게에 가서 달걀을 사오라며 돈을 주었어.

아이는 돈을 들고 마을 가게로 가는데, 갑자기 도깨비가 나타나 착한 아이에게 그 돈을 좀 빌려달라며 사정을 했지. 착한 아이는 돈이 없어 밥도 제대로 먹지 못하고 덜덜 떨고 있는 도깨비가 가여워 돈을 빌려줬어. 며칠 뒤 도깨비가 찾아왔어. 빌려간 돈을 갚기 위해서였지. 고맙다며 이자까지 주었어. 이자는 필요없다고 했지만 그냥 주고 갔어. 며칠 뒤에도, 또 며칠 뒤에도 와서 주고 갔어. 그래서 효성이 지극한 착한 아이는 돈을 갚았다고 했지만 도깨비는 아니라며 자꾸만 주었어. 효성이 지극한 아이는 그렇게 해서 부자가 되었지."

도깨비 이야기는 언제 들어도 재미있었다.

아이들은 처음엔 도깨비 이야기라는 소리에 그만 오금이 저려 꼼짝 못 하고 숨을 죽이고 있다가 빌려간 돈을 갚고 또 갚았다고 하자 손뼉을 치며 즐거워했었던 생각을 하자, 차츰 내 눈에 나타난 것은 분명 우리 마을이 제자리로 돌아오고 있었다.

"야! 너 지금 어디서 오는 거냐?"

갑자기 귀에 익은 목소리가 들렸다.

긴장과 두려움으로 꽁꽁 얼어붙었던 내마음이 스르르 눈녹듯 녹아내리는 목소리였다.

사실 지금까지 술이라는 놈이 앞뒤 분간 못하고 경망스럽기 짝이 없는 나를 밤새 데리고 다니다가 아침이 되니 가차없이 채찍으로 내리치는 소리였는지도 모른다.

"그런데 도대체 어떻게 된 것이냐? 꼭두새벽에 어째서 산에서 내려오는 거야?"

형의 목소리였다. 밤새 초췌해진 내 몰골을 보며 짐작이라도 한 듯 더이상 말을 하지 않았다.

나는 아무 소리 않고 형을 따라 집으로 갔다.

형은 마을 친구들과 사랑방에서 놀다가 새벽이 되어서야 집으로 돌아가는 길이었다. 농사를 끝낸 시골 풍경이었다.

놀란 식구들은 이른 새벽, 거지꼴이 되어 어슬렁어슬렁 기어 들어오는 내 모습이 얼마나 처량했을까. 모두 걱정이 되는 눈치를 보고 있었다.

"또 술 먹었냐?"(이놈, 술만 마시면 밤인지 낮인지 분간도 못하는 놈.)

아버지의 노기 띤 표정이 내 가슴을 스치고 지나갔다. 이따금 찾는 고향을 올 때마다 몽땅 취해 들어오는 아들의 모습이 마냥 반가워할 일은 아닐 것이었다.

염치도 부끄러움도 없이 졸음이 스멀스멀 밀려왔다.

천당과 지옥이 따로 없었다.

아직 우리 마을은 전깃불도 들어오기 전 이야기다.

정말 큰일날 뻔했지 않나!

그날 밤, 만약 불이 켜진 집이 있었다면 어찌 됐을까?

"나는 명천에 사는 사람인데,(사람들은 나를 잘 알지 못하므로) 할아버지는 누구시며 아버지는 누구십니다. 길을 잘못 찾아 이렇게 실례하게 되었습니다. 어떻게 잠깐 쉬었다 갈 수는 없을까요?" 했다면 어찌됐을까?

끔찍한 일이었다.

늙어 죽을 때까지 잊히지 않을 큰 사건이었다.

그래도 그때가 좋았다.

2부

훗날 누가 찾거든

문학평론가 오하근을 생각하다

징게 멍개 외얏밋 들(김제 만경 너른 들이라는 뜻의 사투리)이라는 말이 정겹다.

시작이 어딘지, 끝이 어딘지, 아득한 들판을 끼고 조용히 염불소리만 드리는 청운사에 달 가고,해 가고, 별은 멀어도 봄이 오니 평화로운 초가 마을에 가지마다 꽃잔치가 흥겨우리, 가곡 〈고향의 노래〉가 생각난다.

호남평야는 동서 50㎞, 남북 80㎞에 이르는 우리나라에서 가장 넓은 들녘이다. 김제시 진봉, 광활, 만경, 청하 일대를 하늘에서 내려다보면 지평선을 볼 수 있는 유일한 곳이다. 이곳이 오하근의 고향이다. 작년 이맘때 5월 3일, 하근의 문학비를 세우던 날, 떠들썩했던, 하얀 연꽃이 곱게 피는 청운사 연못가에는 오늘따라 모두 어디로 가고 지금은 조용하고 쓸쓸한 햇빛만 요란하게 반짝이고 있다.

하근이 떠난 지 벌써 3년이 지났다. 그런데도 아직까지 배시시 웃고 서있는 모습이 생생하다. 세월이 가면 잊힐까 했으나 아직까지 환영이 뚜렷하게 떠오르는 것은 무엇일까?

오늘따라 하근이 보고 싶다.

나와 하근이 만난 것은 그러니까 50여 년 전, 문예가족 모임의 자리였다. 이제 막 대학을 나와 중학교 교사로 자리를 하나 얻었다고 했다. 얌전한 시골 청소년 티를 벗지 못한 앳된 모습이었다. 동인들이 모이면 사람보다 술잔과 먼저 인사를 하던 시절이었다. 술잔이 한창 동인들 사이를 헤집고 다닐 때 느닷없이 하근이 나에게 형님은 어린 시절 무슨 책을 읽었느냐고 물었다.

'허허, 이놈 봐라, 이놈이 내 독서력에 대해 테스트라도 하려는 것이 아닌가.' 기분이 좋지는 않았지만 형님이라는 깍듯한 존칭을 쓰는 것을 보고 그렇지는 않은 것 같아 꾹 참았다.

"어허, 그깟 것 알아서 무엇하게?"

"저도 어린 시절 동화책께나 읽었기에 하는 말이지요."

"그래, 무슨 책을 많이 읽었는데?"

이젠 내가 하근을 테스트 할 차례였다.

"《새벗》 잡지에 연재되었던 강소천의 《진달래와 철쭉》, 정비석의 《홍길동전》, 박종화의 《홍경래》, 윤백남의 《대도전》,

《흑두건》 그밖에 외국 작가들의 작품으로는 프랑스의 소설가 쥘 베른의 《해저 2만리》, 《80일간의 세계 일주》, 이탈리아의 작가 에드몬드 데아미치스의 《엄마 찾아 삼만리》, 영국의 소설가 마리루이즈 드라라메의 《플란다스의 개》, 조나단 스위프트의 《걸리버 여행기》, 미국의 작가 라이먼 프랭크 바움의 《오즈이 마법사》, 덴마크 안데르센의 《인어공주》, 《눈의 여왕》, 《성냥팔이 소녀》" 등 하근이 읽었다는 책 이야기는 끝이 없었다.

"허허, 그만, 알겠다. 기왕이면 마지막으로 《아라비안나이트》도 하나 넣지 그래."

하근은 그것으로 그치지 않았다. 그 책을 읽으면서 용솟음치는 호기심과 상상의 세계에 날개를 달고 김제 만경 넓은 들판 위를 훨훨 날아다녔다고 했다. 《15소년 표류기》를 읽고 모험심에 빠져 가출 결심도 했었다고 했다. 그래서 언젠가는 꼭 아동문학가가 되겠다는 꿈을 꾸었다고 했다.

나는 그때부터 하근에 대해 관심을 가지고 지켜보고 있었다. 그런 하근이 교단에서 정년퇴임을 했다. 그리고 적당한 나이로 한참 즐겁게 살고 있었다. 운명은 거기까지였다. 그 이상은 허락하지 않았다. 그래서 사람들은 하근을 잊지 못하고 있는 것은 아닐까? 물론 하근을 잊지 못하는 사람들은 그의 천진난만한 어린이의 심성 같은 고운 마음씨 때문이라고도 하고, 또 어떤 친구들은 그의 풍성한 문학적 업적 때문이라고도 했다. 그러나 누가 뭐라고 해도 하근을 잊지 못하는 것은 문인이라면 자신이 가장 존경하는 작가 혹은 시인 등의 감동이 있는 작품을 연구하고 분석하고 추리하려는 태도라고 생각했을 것이다.

하근은 그래서 처음부터 김소월을 한없이 존경했고 김소월의 시를 사랑했다. 그래서 지금은 그의 시적 고향에도 가볼 수도 없고 생각할 수도 없는 김소월을 선택하기까지 하면서 얼마나 깊이 연구하고 생각했을까. 이를테면 평안북도 정주 곽산까지 가서 조용히 잠들어있는 김소월을 이곳 전주까지 불러와 〈김소월 시의 성상징 연구〉, 〈김소월의 시어법 연구〉 등을 펴냈고 《원본 김소월 전집》, 《정본 김소월 전집》까지 내어 김소월의 무릎에 오려놓게 된 하근의 끈질긴 문학적 열정을 잊지 못하고 있는 것은 아닐까 생각하게 된다.

또 다른 친구들, 하근과 가장 가깝게 지냈던 친구들은 문학보다는 그이 어머니에 대한 효심에 너무 감동하여 그를 잊지 못하고 있다고도 했다.

언젠가 한국 전통문예지 문학사상사와 김환태문학제전위원회가 주관하는 '김환태평론문학상' 수상 소감의 글에서 절반 이상을 어머니에 대한 이야기로 할애하고 있는 것을 보면 그의 효심이 얼마나 높고 깊은지를 느낄 수가 있었다.

시상이나 이를 어쩌야 옳아? 나는 요즘 가끔 돌아가신 어머니의 목소리를 듣는다. 그리고 낭패하여 어쩔 줄 몰라하시던 어머니의 모습이 떠오른다. 그 어머니의 자리에 내가 놓인다. 새삼스럽게 어머니의 심정을 생각한다. 어머니가 그립다. 괜히 눈물이 난다.

"내 나이가 몇 살인데……."

– 중략 –

수상 소감의 대부분을 어머니에 대한 회억으로 끝을 맺는다.

그까짓 문학상이 무엇인데 문학상 하나 받는다고 진즉 세상 떠난 어머니에 대한 그리움을 자신의 영광과 기쁨을 어머니라는 존재를 통해 다시 회상하는 사랑의 눈물로 얼룩진 얼얼한 감정을 표현하고 있을까 생각하게 된다.

하근에게는 그럴 수도 있었을 것이다. 젊은 나이에 홀로 되신 어머니, 늙으신 부모님 잘 모시랴, 어린 자식들 잘 키우시랴, 얼마나 고생하셨을까. 어머니라는 '어' 자만 들어도 목이 메었을 것은 당연한 이야기가 아니겠는가. 그의 친구들까지 그 효심에 동화되어 그를 늘 효심 지극한 친구로 칭찬을 아끼지 않았다고 했다.

하근은 교육자였다. 그의 삶이 대체로 그 대학의 주변에 국한되어 연구자로서도 시간과 공간이 그리 넓지 않았을 것인데 언제 그렇게 다양한 친구들을 사귀고 있었는지, 그래서 그 친구들이 마음을 모아 이 호젓한 절 한편에 그가 갈고 닦은 문학적 업적, 아름다운 삶의 흔적들을 기려 조그마하지만 기념비를 세우게 된 것이 아니겠는가.

만약 하근이 이 자리에 있었다면 어떤 표정을 하고 있을까? 기분이 매우 좋아 감격하고 만세라도 불렀을까? 아니면 내게 무슨 문학비냐며 당치도 않다고 손사래를 쳤을까? 그도 아니라면 생전의 모습 그대로 배시시 눈만 껌벅거리고 있었을까, 하근이 보고 싶다.

생각하면 하근의 주변에는 하근을 유난히 사랑하고 자랑스럽게 생각하는 스승들이 많이 있었던 것으로 기억된다.

문학평론가 故 천이두 선생(원광대 교수)와 故 김교선 선생(전북대 교수)이 있었고, 소설가 홍석영 선생(원광대 교수)과 시인 故 이기반 선생(전주대 교수), 故 이병기 선생(전북대 교수)이 주변에 있으면서 항상 따뜻한 가르침이 있었다고 하근이 늘 자랑했었다. 그래서 하근이 오늘날 문학평론가로서 학문적 깊은 통찰력과 정교한 작품 분석력, 유려한 문체, 폭넓은 지식을 갖게 된 것은 아닌가 생각하게 된다.

앞에서 말한 분들이 없었다면 하근의 존재가 그렇게 아름다운 삶을 살게 되었다고 감히 말할 수 있을 것인가.

사람이 한평생 살면서 많은 사람들의 기억에 남을 만큼 부끄러움 없이 살기란 그리 쉬운 일은 아닐 것이다.

싫어하는 사람이 있는가 하면 좋아하는 사람이 있기 마련이다. 그러나 누구 한 사람 싫어하는 사람 없이 살았다면 그것이 진정한 참 인간이 아닐까? 한 사람이라도 미워한 사람이 있었다면 그 사람은 악인이라는 옛말도 있다.

오늘따라 하근이 생각나는 것은 그의 인간다운 삶이 그립기 때문인지도 모른다.

삶과 죽음이란 무엇인가

또 한 사람의 친구가 떠났다. 두 달 사이에 벌써 두 사람이 떠났다. 봄에 양태모가 떠났고, 한 달도 안 돼 황봉식이 떠났다. 천년만년 살 것 같이 건강에 자신이 있었던 사람들이 거짓말처럼 떠났다. 한결같이 잠깐 병원에 다녀오겠다고 했다. 그리고 돌아오지 않았다.

병이 뼛속 깊이 파고들어오는 줄도 모르고 있었다는 이야기다. 그래서 꼼짝없이 당하고 말았다. 아무것도 모르고 있었던 것은 나 또한 마찬가지였다. 그들이 병원에서 사경을 헤매고 있을 때 나는 그 가족들에게 전화를 걸어 병세가 어떠냐고 타박거리고 있었고, 생명이 경각을 다투고 있을 때도 나는 밥을 먹고 술을 마시고 웃고 떠들고 있었다.

작년 여름에는 종호가 그렇게 떠났고, 가을엔 대진이도 떠났다. 그때는 몹시 슬프고 괴롭고 안타까워 어쩔 줄 몰랐었다. 이 세상에 나 혼자만 남아있는 것 같았다. 사람이 살다가 어떻게 이렇게 쉽게 떠날 수 있을까, 땅을 치며 통곡이라도 할 것 같았다. 그런데 참으로 이상한 것은 이번 두 사람의 죽음에 대해서는 슬퍼하거나 애도하는 마음이 차츰 내게로 돌아오고 있는 것이 아닌가, 도대체 이는 무엇을 의미하는 것일까, 이젠 내 차례가 서서히 다가오고 있기 때문은 아닐까? 이를테면 살아있는 내가 더 걱정이 된다는 이야기다.

어린 시절 나와 종호는 둘도 없는 동무였다.

해발 1614m의 덕유산 준령에서 흘러 내려오는 시냇물이 펑퍼짐한 들판을 가로질러 명천마을을 음지뜸과 양지뜸으로 나누며 다시 흘러 피아뜸과 무동 사이에 씨름판이 될 작은 모래밭을 만들어 놓았다. 이 모래판이 긴긴 여름 나와 종호가 뛰어놀 놀이터였다. 명천리 아이들과 무동 아이들도 함께 신바람 나는 좋은 곳이었다. 종호와 내가 삼세판 씨름을 하면 종호가 두 번 이기고, 나는 겨우 한 번 이기면서 오기는 언제나 내가 부렸다. 종호는 나와 같은 나이이면서도 덩치도 크고 힘도 셌다. 농업학교를 나와 일본으로 건너가 농업에 대한 공부를 했고, 돌아와 잠업협동조합 조합장과 노업협동조합 조합장을 지냈다. 이제 노년의 삶을 즐겁고 아름답게 보내야 할 팔순을 넘기면서 갑자기 쓰러졌다. 이 불행을 어찌하랴. 몇몇 곳의 병원을 전전하며 매일 병마와 싸우다가 결국 작년 여름 비가 억수로 쏟아지는 날 지긋지긋한 결투에서 손을 들고 말았다. 종호가 떠나는 날 나도 쓰러져 그의 마지막 가는 길을 배웅하지 못했다. 참으로 부끄럽고 미안했다. 며칠 후 정신을 차리고 일어나 보니 내 곁에 책 한 권이 놓여 있었다. 미국의 시인이자 장의사인 토마스 린치가 쓴《죽음을 묻는 자, 삶을 묻다》였다. 죽음도 역시 엄연한 삶의 일부라고 하는 인식의 전환이 필요하다고 린치는 말하고 있다. 중요한 것은 죽은 사람이 아니라 산 사람이라고 했다. 산 사람은 죽은 사람과 함께 살아가야 하기 때문이라는 것이다.

종호가 떠난 지 몇 달이 안 돼 대진도 떠났다. 마치 약속이라도 한 듯 서둘러 떠났다. 종호와 대진, 나는 같은 반이었다. 아이들은 우리 세 사람을 두고 아이들답지 않게 유난히 친했다고 했다. 나와 종호는 대진이 사는 마을과는 거리가 너무 떨어져 있어 그를 씨름판으로 끌어들일 수는 없었지만 언젠가 한 번 겨뤄보자며 호기를 부렸었다. 그런데 대진은 그 약속도 안 지키고 떠났다. 이때도 나는 공교롭게 우울증이라는 훼방꾼이 나타나 내 정신을 몽땅 빼앗고 나를 들로 산으로 바다로 끌고 다니는 바람에 대진의 마지막 가는 길조차 긴 이별의 손을 흔들어주지 못했다. 한으로 남았다. 대진의 죽음 역시 너무 갑작스런 일이었다. 그래서 많은 사람들이 아쉬워했다. 대진은 많은 사람들에게 존경과 사랑을 받고 있었다. 군인 출신이기 때문이다. 육군사관학교 제15기였다. 그가 36사단 사단장으로 있을 때 갑자기 어릴 적 생각이 났었는지 종호와 나와 창중, 그리고 초등학교 육학년 때의 담임이신 김용훈 선생님을 함께 군부대로 초청을 했다. 사단장 공관엔 그의 아내도 와 있었다. 우리는 너무 반가워 얼싸안고 춤이라도 출 것처럼 즐거웠다. 대진이 그렇게 고마울 수가 없었다. 그날 밤 우리는 비행선을 타고 하늘로 붕붕 떠올라가는 기분이었다. 어릴 적 그 아름다운 추억의 밤이 너무나 짧았다. 밤이 새도록 우리는 술을 마셨다. 노래도 부르고 옛날이야기로 떠들고 고함도 쳤다.

공부면 공부, 운동이면 운동, 그림이면 그림, 붓글씨면 붓글씨, 우열을 가리기 어려웠던 일을 김용훈 선생님은 잘 기억하고 있었고 우리는 한껏 거들먹거리기도 했다.

졸업식 땐 반 아이들의 졸업장을 종호와 나와 대진, 셋이 붓으로 나누어 쓰느라 고생을 했다고 하니 선생님은 그때 세 사람의 붓글씨 실력은 어른들 못지않았다고 칭찬을 했다.

사회 시간이었던가, 주제는 안창호 선생에 대한 이야기를 그림 연극으로 수업을 한다고 했다. 종호는 그림을 그리고, 나는 글을 쓰고, 대진은 그 글에 따라 연극을 하는 것이다.

그날 여러 곳에서 선생님들이 오고 수업은 시작됐다. 종호가 그린 그림 뒤에는 안창호 선생에 대한 이야기를 내가 썼고,

대진은 그림을 펼쳐가면서 거기에 쓰여있는 대로 연극을 했다. 그림연극이었다.

“오늘 여러분이 본 그림연극 속의 안창호 선생에 대해 느낀 점을 이야기해 보세요.” 선생님은 아이들에게 이야기를 했다.

아이들은 처음 보는 그림연극에 감동했고 그 감동한 이야기를 자유롭게 발표했다. 시간이 거의 끝나자 선생님은 또 한마디 했다.

“오늘 여러분이 발표한 이야기는 모두 맞습니다. 그중에 가장 중요한 것은 ‘약속’이라는 것입니다. 안창호 선생님은 어떤 어린이와 약속을 했습니다. 생일날 꼭 참석하겠다고, 그런데 그곳엔 일본 헌병들이 안창호 선생을 잡으려고 눈을 부릅뜨고 있다며 많은 사람들이 반대를 했습니다. 그러나 안창호 선생은 ‘우리의 장래 희망은 어린이들인데 그 약속을 어긴다는 것은 우리의 독립을 포기하는 것과 다름이 없다.’며 기어코 그 어린이와 약속을 지켰다는 이야기입니다.”

수업은 끝이 났다. 아이들도 손뼉을 치며 즐거워했다.

김용훈 선생님도 그때의 이야기를 하나도 잊지 않고 기억하고 있었다.

신대진이 농수산물유통공사 사장 시절 전주를 들러 종호와 나와 셋이 밤을 지새며 술을 마실 때만 해도 두 사람의 건강을 따를 사람이 없었다. 그 말술의 대결에서 비실비실 술 몇 잔에 정신을 못 차리던 나는 오히려 지금껏 목숨을 늘여놓고 있으니 어쩌랴.

한때 정치군인들이 판을 치고 있을 때 신대진 장군은 오직 국방에만 정신을 쏟았던 참 군인의 표상이었다. 삶이 그렇게 올바르고 강직했던 그도 역시 흐르는 세월을 어찌하지 못했으니…….

지금은 대전 현충원 장군 묘역에서 고이 잠들어 있다. 참으로 슬프지 않으랴.

인간의 죽음에 대한 슬픔과 애도의 형식은 언제나 살아있는 사람의 것이다. 죽은 이의 영혼을 위한 것이 아니라 죽은 사람과 함께 살아가야 할 산사람의 마음을 위로하는 것이 더 중요하다는 이야기다.

지난달 떠난 태모는 위암과 폐암수술을 받았다. 좋은 의사 만나 깨끗하게 완치가 됐다며 그렇게 좋아했던 친구가 가슴이 조금 답답하다며 병원엘 간다고 했다. 양태모 교장은 고향이 인삼의 고장 금산으로 어렸을 때부터 인삼을 많이 먹어 자신의 죽음은 염라대왕도 어쩌지 못한다고 큰소리를 쳤었다. 모든 일에 긍정적인 나의 유일한 사범학교 동창생이다. 사람이 늙어 병이 든다는 것은 그 외로움과 절망의 깊이를 아무도 이해하지 못한다는 것이 얼마나 서글픈 일인가.

봉식 역시 그랬다. 아내의 병 치료를 위해 서울엘 간다고 했다. 그런데 서울에 도착하니 아내의 병보다 자신이 먼저 진료를 받아야겠다며 전화가 왔다. 가슴이 조금 답답해서라고 했다. 그리고 소식이 없었다. 그사이 잔인한 신의 농간이 벌어지고 있었다. 봉식은 정신을 잃었고 이내 현대 의술로는 손을 쓸 수가 없었다고 했다.

이럴 수가 있는가. 자신의 병보다 아내의 병을 더 걱정했던 사람이다. 그래서 신도 그를 먼저 하늘나라로 데려간 것이 아닌가. 봉식에 대해 많은 사람들은 참으로 좋은 사람이 떠났다며 애석해했다. 봉식은 어느 사람에게나 보약 같은 사람이었다. 사람은 누구나 조금은 존엄하게 살다가 조용히 사라지는 것이라고 생각했던 사람이다. 태모나 봉식이 그렇게 아름답게 살다가 떠났다. 그런데 나의 삶은 무엇이란 말인가.

훗날 누가 찾거든

낙엽이 거의 지고 없는 스산한 늦가을 어느 날, 나는 李世日에 대한 悲報를 듣고 적잖이 놀라지 않을 수 없었다.

너무 갑작스런 죽음이었기 때문이다.

그날 나는 曺圭華의 딸 아라의 혼인식에 참석하기 위해 준비를 하고 있었는데 그만 그 자리에 털썩 주저앉고 말았다.

도무지 믿기지 않는 일이었지만 世日의 아내 宋정자 여사의 울먹이는 목소리가 틀림이 없었다.

엊그제까지만 하더라도 육중한 몸매에 사철 구별 없이 쓰고 다니던 베레모 차림으로 내 사무실을 들어서면서 "형님, 술시 되었으니 나가시죠." 하던 모습이 눈에 생생한데 다시는 그의 모습을 볼 수 없다고 생각하니 참으로 인간의 삶이 덧없다는 것을 새삼스럽게 깨닫게 되었다.

물론 건강한 몸은 아니었지만 그렇다고 앓아눕는 일도 없었던 터라 그렇게 갑자기 세상을 떠난다는 것은 생각지도 못했던 일이었다.

그런 世日이 며칠 전 "형님, 당분간 뵙지 못하겠습니다. 심장이 좋지 않아 간단한 수술을 위해 서울로 가야 할 것 같습니다."라며 서울로 떠나기 전 전화로 나에게 한 말이었다.

아니, 전주에서는 못 고칠 병이 다 있더냐고 물었지만 그 역시 별로 대수롭지 않게 생각하고 있었던 것 같았다.

그렇지, 지금까지도 건강했는데 무슨 일이 있겠느냐며 너무 안일하게 생각했던 나 자신이 여간 부끄럽지가 않았다.

그 뒤 서울에 가서 입원하고, 입원실이 여러 차례 바뀌는 바람에 연락도 제대로 안 돼 여간 궁금한 것이 아니었다. 그렇게 한 달여가 지나도록 도무지 소식을 알 수 없어 전주 문인들이 조바심으로 그의 안부에 애를 태우고 있었다.

요즘같이 의술이 발달한 시대에 그까짓 간단한 수술 하나 제대로 못한대서야 말이 되겠는가. 곧 퇴원해서 옛날 베레모 차림으로 싱글거리며 우리 앞에 다시 나타날 것이라고 생각하고 있었다.

그런데 병간호를 하고 있던 딸 宣旻으로부터 전해 온 전화는 그의 병환이 심상치 않게 진행되고 있다는 소식이었다.

나는 몇 사람의 문인들과 문병할 날짜를 잡고 있었는데 바로 그날 새벽 4시경, 世日은 끝내 다시 돌아올 수 없는 저 세상으로 떠나고 있었던 것이다.

참으로 허망한 삶이었다.

나는 世日과 오랜 교우를 갖고 있지는 않았다. 그가 詩人인지 隨筆家인지 잘 알지 못했다. 언젠가 문인협회 일로 찾아갔을 때 어떤 낯선 사람이 베레모에 불룩한 배를 잔뜩 내밀고 아주 거만한 태도로 사무국을 지키고 있었다.

그때 그 사람이 바로 李世日이었다.

나는 얼마 전 《아웃사이더》라는 시집을 받은 기억을 떠올리고 이 사람이 바로 그 시집의 주인공이라는 것을 처음 알게 된 것이다.

일 년이면 詩人, 隨筆家 할 것 없이 수십 명씩 배출되고 있는 요즘 문학 풍토에 유독 이 사람만 기억할 수는 없었다.

그날 나는 집으로 돌아와서 그의 시집을 꺼내 읽었다.

하루에도 몇 권씩 쏟아지는 文學잡지, 詩集, 隨筆集 도무지 읽어낼 재간이 없는 터라 그 사람이 어떤 사람인가를 알아보기 위해서만 읽어보는 내 편협한 독서습관 때문에 그때서야 그의 시집을 읽게 된 것이다.

생각보다 그는 『아웃사이더』 이상의 기질을 갖고 있는 사람 같았다. 호감이 갔다. 급조된 시인이 아닌 것만은 확실했다.

요즘 시 몇 줄 쓰고도 시인이라며 떠벌리고 다니는 사람들이 많은데 그 같은 부류는 분명 아닌 것 같았다.

고뇌하고, 갈등하고, 노력하는 사람 같기도 하고, 어찌 보면 돈 키호테 같은 유별난 사람 같기도 해서 내가 흥미를 갖고 눈여겨보게 된 것이다.

그런데 그도 나와 똑같은 생각을 하고 있었는지 나를 자주 찾아왔다.

그는 나를 찾아오긴 했지만 말을 지극히 아끼는 편이었다.

쓸데없는 농담이나 필요치 않는 과장된 표현 따위는 하지도 않았고, 윗사람에 대해서는 언제나 깍듯한 편이었다.

남에게 해코지가 될 법한 말이나 남을 비방하는, 하시하는 말은 결코 하지 않았다. 자신의 주변, 기록까지도 입에 올리지 않는 비밀스러운 사람 같기도 했다. 이를테면 흔히 쓰는 말로 왕년에 무엇을 했다거나 누구도 자신의 권위에 도전할 수 없다거나 하는 따위의 허황된 생각을 갖고 있지 않았다. 남의 약점을 들추어내거나 남을 비하하는 투의 말도 가급적 자제했다.

그런 성격이 오래전부터였는지, 아니면 나의 성격을 잘 몰라 조심하고 있는 것인지는 정확히 알 수 없었으나 이미 있는 말, 없는 말, 마구 할 수도 있는 수십 차례의 술자리와 수년 간의 교우를 하며 살아왔다면 상호 성격도 알 만큼 알고 있을 텐데, 오히려 내가 쓸데없는 말로, 때론 그를 난처하게 할 때가 많았는데도 그는 여전히 처음과 끝이 같았다.

그런데 世日에게 文學에만은 예외였다. 냉정하리만큼 당당했다.

특히 詩에 대해서는 도에 지나칠 정도로 분명했다. 詩와 詩人의 자세만도 그렇다. 詩는 어디까지나 詩다. 결코 詩人의 자세와 詩가 상관관계가 없다고 생각하는 시인은 시인이 될 자질이 없다고 못을 박았다.

詩는 곧 詩人의 정신이기 때문이라는 것이다.

나는 시를 잘 모른다. 따라서 시인의 정신세계도 잘 모른다. 그러나 한 가지 世日이 말하는 시와 시인의 정신에 대한 논리는 그를 믿고 있었다.

詩가 詩人의 정신과 다르다면 그것은 이미 詩로서 생명력을 잃은 것이라고 생각하기 때문이다.

詩를 읽어보아야 비로소 그 시인의 사상과 감정을 알 수 있기에 하는 말이다.

언어는 자기의 생각을 가장 쉽게 전달하는 행위다. 따라서 시란 시인의 사상과 감정을 가장 아름답고 진실하게 표현하는 언어가 된다는 얘기다.

世日이 이따금 내 사무실로 찾아오는 것은 반갑게 맞는 것도 따지고 보면 그의 시적 감성이나 사고가 다른 시인들과 달리 시적 이데올로기가 명쾌하게 다르다는 점 때문이었다.

또 世日은 시에 대해서만 편향적이지 않았다. 때로는 小說

이나 隨筆, 評論 등 다양한 장르에 이르기까지 폭넓게 수용하고 있었다.

서양의 古典이나 동양의 古典, 그리고 고대 소설에서 현대 소설에 이르기까지 섭렵하고 있을 뿐 아니라 역사적 현실, 그리고 그 배경 등 다양하게 대화를 할 수 있었다.

그랬던 그도 사람에게 주어진 생명의 끈이 자꾸만 조여 오고 있음을 예견하고 있었는지 최근 병원에 입원하기 얼마 전부터는 자신이 쓴 詩를 내 앞에 내놓기를 서슴지 않았다.

이전에는 이런 일이 없었던 터라 나는 차츰 그의 행동을 유심히 관찰하는 버릇이 생기기 시작했다.

"형님, 한 번 읽어 봐 주세요."

꼬깃꼬깃 접었다 펴놓은 그의 시가 적힌 노트 쪼가리가 예사롭지가 않아서였다.

바다 한복판에서
갈증으로 죽는 날이 올 것이다
보라, 이제 곧 그대들은
가까이 갈수록 멀어지는 세상
億兆蒼生 낯선 집에서
저, 거대한 소란 속에서
적막 때문에 죽어갈 것이다.

언제 온다는 약속도 없이
예전에 왔던 길로 떠나갈 것이다.

— 〈슬픈 예언〉

너무 늦었다.
지금은 너무 늦었다.
인간을 사랑하기엔 너무 늦었다.

떠나기엔 너무 늦었다
돌아오기엔 너무 늦었다.
통곡하기엔 너무 늦었다.

무릎 꿇고
저 하늘을 우러러
용서를 구하기엔 너무 늦었다.

다시는 이 곳에 오기 싫으니
마지막 담뱃불 꺼지고 나면
서산에 지는 해를 묻으러 가자.

— 〈너무 늦었다〉

"이봐, 시인도 아닌 내가 시를 어떻게 아나?"

그가 나에게 보여 준 것은 시가 아니라 결국 그의 마음이었는지도 모른다. 그만큼 자신의 마음을 털어놓고 이야기할 상대가 그리웠던 셈이다.

나는 그의 애처로운 모습을 보면서 할말을 잊고 있었다.

이러한 그의 시를 읽고 무슨 말을 할 수 있을 것인가.

이미 자신의 병이 치유의 한계를 넘고 있다는 것을 그는 알고 있었다고 하는 것이 옳은 말일 것이다.

그런데도 다른 사람에게는 그 고통의 한순간도 보이지 않으려고 노력했던 것이다.

어느 날이었던가. 화가 朴敏平의 작품전시회에 가기 위해 시내를 걸어가고 있었다.

어느 건물 앞을 지나고 있는데 세일은 잘 걷지를 못했다. 세일의 얼굴이 심상치 않게 보였다. 핏기 하나 없는 모습으로 도로변 벤치에 앉아 있었다. 그때 나는 세일의 병이 예사롭지 않다는 것을 깨닫고 있었다.

물론 작품전시회 구경은 취소하고 그를 차에 태워 집으로 보냈다.

그 후 나는 그에게 건강에 주의하도록 여러 차례 일러주었으나 그는 삶에 대한 고뇌와 갈등, 세상에 대한 고독을 억누르지 못하고 모든 감정을 술에 의지해 풀어 보려고 했다.

바보야, 이 들녘에
바람이 분다고 울지 말아라
사랑이 없다고 울지 말아라
아름다운 것은 언제나
멀리 있어야 하는 것
보일 듯 보일 듯 보이지 않는 것

— 〈서러운 땅〉 (일부)

바보야, 물도 흐르고
구름도 흐르고
살아 있는 것들은 흘러가는 것이다.
버리기 위하여 불태우는
우리의 사랑 같은 저 단풍은
그대는 아름답다고 말하지 말라

머지않아 눈이 오리라
서러운 땅에 눈이 내리고
죽은 사람 위에 눈이 내리고
아직도 돌아가지 못한
철새의 가슴에 눈이 내릴 때

너의 울음도 덮어 줄 것이다.

— 〈서러운 땅 2〉

자주 드나들던 세일이 며칠 동안 소식이 없었다. 걱정이 되어 전화를 걸었다. 혹 병환으로 고생하고 있는 것이 아닌가 해서다.

"요즘 며칠 시 나부랭이나 한 번 써보려고 하는데 영 써지지 않네요. 지금 머리만 계속 쥐어뜯고 있는 중이에요."

그러다 좀이 쑤셨는지 세일은 오후가 되어서야 내 사무실을 찾았다.

시에 매달려 몸부림친 모습이었다. 조금 초췌한 모습이 오히려 좋아보였다. 심장이 좋지 않은 사람은 살이 찌는 것이 오히려 건강에 좋지 않다고 했다.

세일이 또 꼬깃꼬깃 구겨진 원고지 몇 장을 내게 내밀었다. 시인의 손에 매달려 몸부림치던 원고지가 시인의 마음처럼 스산한 모습으로 구겨져 있었다.

가을 낙엽처럼 흩어져 뒹굴고 있다. 나는 이 사나이의 마음을 위로라도 하듯 큰소리로 낭독을 했다. 세일은 또 너스레를 떨었다.

"역시 다른 사람 백 명이 칭찬하는 것보다 형님이 한 번 칭찬하는 것이 몇 배 시 쓰고 싶은 생각이 나거든요."

어떻게 생각하면 세일은 남의 비위도 적당히 맞출 줄 아는 사람이었다. 그래서 세일은 자신의 유고집을 나에게 부탁했는지도 모른다.

세일은 자신의 운명을 진즉 알고 있었던 것처럼 사후 얘기를 많이 했던 것 같다.

예컨대 생전에 준비하고 있던 시집을 누구에게 부탁하라거나, 내가 죽으면 어디에 묻어달라는 등, 말이 씨가 되는 것이라고 주위의 충고를 일체 받아들이지 않았다는 것이다. 世日이 죽은 날, 그의 딸 선민이 나에게 들려준 이야기다.

世日은 자신이 말한 대로 보잘것없는 세상에 무슨 미련이 남아 그렇게 遺稿詩集이라도 남겨 놓으려 했다는 말인가. 무슨 아쉬움이 있어 자신의 족적이라도 남겨 놓으려 했던 것인가.

정녕 그대들은 어디로 가는가
낯선 마을을 지나 그렇게도 황망히
누구를 만나러 가는 길인가
누구를 만나고 가는 길인가.

그대들이 찾는 영원한 땅은
우리가 살아서 볼 것인가
저물어가는 저 광야를 향하여

발을 구르며 부르던 그 사랑도
끝내는 우리가 만날 것인가.

그리고
그대들이 쉬어가는 이 길목엔
아름다운 꽃들만 피어 있고
새들이 노래하는 낙원이던가.

원망도 미움도 없는 이웃들이 모여서
이 마을은 이뤄졌고
날이 새면 안녕을 묻는 편지가
그대들의 목전에 떨어져 있던가.

아직도 바람을 본 사람이 없듯이
아직도 구름을 잡아본 사람이 없듯이
인간의 웃음을 인간의 영원을
우리는 아직 본 적이 없다.

— 〈이방인의 노래〉

이세일의 허무주의는 역설적으로 이야기하면 결국 삶에 대한 끊임없는 좌절과 절망에서 벗어나기 위하여 불교 철학에 깊이 취해 있던 것으로 생각하게 한다.

다시 말하면 현실의 고뇌와 아픔을 내세에서 詩와 詩人의 생각을 이중적으로 표현한 것이 아닌가 해서다.

그의 유작집을 내기 위해 그의 시를 읽어가면서 그동안 나에게 한 번도 털어놓지 않은 그의 갈등과 번민을 자세히 분석해 보면 결국 삶에 대한 강력한 욕구로도 생각할 수 있기 때문이다.

어쨌든 시인 李世日은 이 세상 사람이 아니다.

그가 세상을 살다 가면서 자신을 위하여 욕심을 부리거나 다투거나 질시하거나 비웃거나 거만한 행동은 하지 않은 것만은 사실이다.

다만 詩에서만은 눈을 부릅뜨고 노기에 찬 광기를 부리다가도 이내 풀죽은 강아지처럼 고개를 떨구고 겸손했던 사람이었던 것도 틀림이 없다.

예순두 살, 그는 언제나 허무와 고독으로 살다간 詩人으로 우리는 오랫동안 기억할 것이다.

고뇌와 갈등으로 머리를 쥐어뜯어 본 일도 없는 나와 같은 文人들을 비웃고 있을 그에게 나는 이 세상에 남아서 그의 시를 읽으며 앉아 있는 꼴이 우스꽝스럽지 않느냐고 되묻고 있을 뿐이다.

어린이들의 영원한 친구 - 오영환

참으로 안타까운 일이다. 대부분의 사람들은 나이를 많이 먹는 사람이 먼저 세상을 떠나고 나면 그 뒤에 남는 사람들이 먼저 간 사람들의 일들을 서로 이야기하며 추억으로 간직하는 것이 상식인데 오영환과 나는 그 순서가 한참 뒤바뀐 꼴이다.

나이 적게 먹은 영환이 먼저 가고 뒤에 남은 나이 많이 먹은 내가 그가 남긴 일화들을 추억으로 떠올리며 그에 대한 이야기를 하고 있으니 아무래도 이놈의 세월이 잘못 돌아가고 있는 것이 아닌지 참으로 서글픈 일이 아닐 수 없다.

얼마나 허망한 세월인가.

내가 영환을 처음 만난 것이 벌써 40여 년 가까이 되었으니 딴은 오래도 같이한 셈이다. 영환은 그땐 그저 평범한 초등학교 선생으로서 어떤 일에든 의욕이 넘치는 사람이구나, 하는 정도의 인상이었다. 그러나 차츰 그를 알면서부터 이 사람이 모든 분야에 남달리 재능이 뛰어나다는 사실을 알고 다시 한 번 그를 눈여겨보기 시작한 것이다.

옛날 사범학교를 나온 사람들은 으레 음악이나 미술, 체육 등 예능분야에 조금은 남다른 재능을 보이는 것이 사실이었다. 오영환 역시 사범학교를 졸업했고 거기에 문학에 대한 열정까지 있었으니 다른 선생들보다 취미가 하나 더 있었다는 얘기다. 영환은 학교생활도 원만해서 어디를 가나 많은 사람들로부터 존경과 선망의 대상이 되기도 했다. 그래서 사람들은 영환은 두 개의 얼굴을 가지고 살고 있는 사람이라고 칭찬했다. 하나는 교육자로서 자질과 둘째는 문인으로서의 재능을 동시에 발휘하고 있었다는 뜻이다.

교육자로서 영환은 흔한 말로 초등학교 선생으로서는 흠잡을 곳 하나 없는, 모든 분야에 자격요건을 두루 갖추고 있었다. 앞에서 말한 바와 같이 음악, 미술, 체육 등 어느 한 가지도 부족함이 없는 데다가 모든 일에 대한 열정까지 갖고 있었다. '초등교육은 지식의 전달이 아니라 열정이다.'라는 말과 결코 무관하지 않았다. 언젠가 선배 한 사람이 나에게 훌륭한 선생 한 사람 권해 달라며 요청한 일이 있었다. 어느 봉사단체에서 해마다 사회의 귀감이 될 만한 사람들을 뽑아 상을 주고 있는데 그 주인공을 찾고 있다는 이야기였다. 나는 바로 오영환을 꼽았다. '교가 없는 시골의 백여 학교에 교가를 지어준 사람, 해마다 어린이 작곡 발표회를 열어 어린이들에게 작곡 실력을 높여 주는가 하면, 동요를 잃어가고 있는 어린이들에게 동요 부르기 운동을 벌이고 있는 사람, 특별활동시간을 이용, 어린이들에게 글짓기 능력을 키워 주고 동화를 직접 창작하며 어린이들에게 읽혀줌으로써 꿈을 갖게 하고, 독서를 생활화하도록 열정을 다하고 있는 사람, 그것도 모자라 일요일엔 '일요학교'를 마련, 어린이들이 여가를 보람 있고 즐겁게 보내도록 노래와 놀이 등을 가르쳐 주고 있는 사람, 어린이들의 영원한 친구 오영환을 소개했다. 선배는 내 이야기를 듣고 매우 흐뭇해했다. '그런 사람이 요즘 세상에도 존재하고 있냐?'며 반가워했다. 그런 훌륭한 선생님이라면 국가가 보상해야지 조그마한 봉사단체상을 줄 일이 아니라며 애써 상의 권위를 낮추어 말했다. 상의 좋고 나쁜 것이 어디 있으랴만 기왕이면 모든 사람들이 부러워하고 자랑스러워하는 것이 더 좋은 상이 아니겠는가. 영환은 당연히 거절이었다. 상받을 일을 하지 않았다는 겸손 때문이었다. 그런 탓에 영환은 나이 예순이 넘도록 평교사였다.

상도 받고 점수도 따서 교감도 되고 교장도 되어야겠다는 마음은 처음부터 영환에겐 없었다. 교육자의 자질을 점수로 환산하는 교단이 그렇고, 국가 정책이 싫었다.

어린이와 뛰놀 수 있는 사람만이 진정한 교육자라고 생각하고 있었다. 역설적으로 표현하면 점수가 만능인 추악한 사회는 결국 교육의 주체인 어린이는 제쳐 두고 점수따기에 열을 올리도록 강요하고 있는 것이나 다름없는 일이 아니겠느냐는 것이었다. 영환에게는 이러한 교단의 풍토는 결국은 국가나 사회에 배신행위라고 생각하고 있었다. 영환은 차츰 교단에 대한 열정이 식어가고 있다는 것을 깨닫고 있었다. 그리고 좌절하고 갈등하기 시작했다.

젊은 시절, 교직을 천직으로 생각하고 열정을 바쳤던 대가는 급기야 허탈과 외로움으로 스스로를 채찍질했고 자폭적으로 술을 가깝게 하기 시작한 것이다. 이러한 그의 몸과 마음은 앞날을 내다보지 못할 만큼 쇠잔해져 있었다.

영환은 남다른 기억력을 가지고 있었다. 초창기 전북아동문학회가 해마다 실시해 온 어린이 백일장 입상자 시상식에서 2백 명이 훨씬 넘는 수상자들의 명단도 보지 않고 전부 호명할 정도의 기억력을 가지고 있었다. 최우수상, 우수상, 특상, 장려상, 입선 등 마구 불러대던 컴퓨터 같은 두뇌가 어느 날엔가 갑자기 그의 집을 찾아가지 못할 만큼 기억력을 잃은 모습을 본 사람들은 그를 의지가 약한, 건강의 이상으로 돌리지 않았다. 이 사회가 이 교단이 한 사람의 훌륭한 교육자를 병들게 한 것이라고 흥분하기도 했다.

영환은 한 번도 큰소리로 어린이들을 꾸중하거나 회초리를 들고 어린이를 무섭게 한 일이 없었다고 했다. 아이들이 조금 잘못하면 어떻고 조금 나쁜 짓 하면 어떤가. '교육이란 돌아갈 듯, 돌아갈 듯, 돌아가는 길이다.'라는 것이 영환의 교육철학이다. 그래서 아이들에게는 오 선생님, 오 선생님뿐이었다. 아이들에게 영환은 선생님이 아니라 친한 친구, 영원한 친구였다. 영환은 비록 떠났어도 어린이들에게 심어준 아름다운 정신, 웃음으로 밝혀준 따뜻한 사랑은 언제나 아이들 가슴속에 살아 존재할 것이다. 그래서 영환에게는 생활의 과정이 교육자이자 문학이었다.

문인으로서 영환은 언제나 자유인이었다. 영환의 동화는 모두가 아름다운 어린이들의 세계가, 푸른 초원에서 풀을 뜯고 있는 양떼들처럼 정겹고 평화스럽다. 그것이 때론 '너무 교육적이어서 재미가 덜하다' 해도 영환에겐 그것이 오히려 자랑이었다. 따라서 영환의 동화는 생활 자체가 그것이었다.

경쾌한 음악이 나오면 어느 자리에서든 일어나 폴짝폴짝 뛰지 않고는 견디지 못했다. 흡사 장난기 심한 아이들처럼, 천진난만한 마음이 되어 노래를 부르거나 춤을 추었다. 노래 수준도 웬만한 가수 뺨칠 정도였다.

그러나 어디까지나 영환은 작가였다. 작가는 자신의 작품이 독자들에게 어떻게 받아들여지느냐에 따라 그 고통의 무게도 달라진다고 했다. 그래서 영환은 이따금 그 고통을 술로 풀었다. 영환은 술을 먹기 시작하면 귀가 시간이 따로 없다. 옆에서 어떤 사람이 붙잡고 일어나지 않으면 아무데서나 잠을 자버리는 술의 진가를 유감없이 발휘했다. 그래서 자신의 별명이 '노상술'이라고 했다.

영환에게는 술이 곧 문학이었다. 작가가 술의 고마움을 느끼지 못하면 작가가 아니라고 했다. "이제 시인들 가운데 술꾼이 현저하게 줄었다. 최근의 시가 가슴에서 터져 나오지 않고 머리에서 짜여져 나오는 일과도 무관하지 않다고 생각합니다." 이 말은 시인 고은이 술 마시는 시인이 줄어든 현실을 말하면서 시인의 소시민화, 시의 위기에 대해 계간 《시평》에 쓴 〈시의 벗들에게〉라는 글에서 나온 이야기다. 고은은 또 이백이나 두보는 중국 문학의 근본에 술이 얼마나 깊이 관련되는가를 자랑하고 있기도 하다. 시와 술이 혼연일체가 된 것이 그들 고대 서정의 광활한 세계였다며, 술의 고전적 의미가 모독당하는 것과 함께 시적 절실성을 알고 있었던 사람이다.

그러나 영환은 여러 가지 갈등을 겪으면서도 자신의 마음을 절대로 겉으로 드러내지는 않았다. 문학이란 자신의 것이지 다른 외적인 것에서 찾을 수 있는 것이 아니기 때문이라고 했다. 영환은 그만큼 문학 앞에선 철저히 겸손했다. 저속하기 짝이 없는 글 몇 줄 써놓고 거들먹거리거나, 글 쓰는 사람만

이 제일이라고 자랑하는 따위의 속물은 아니었다. 다만 다양한 취미와 소질을 가지고 문학을 하는 사람에게는 그렇지 않은 사람보다 그 삶의 질과 폭이 훨씬 넓기 때문에 때론 사람에 따라 다르게 평가받을 수 있다는 것도 언제나 받아들이고 있었다.

사실 초창기 영환의 동화 문학에 있어서는 대단히 무섭게 성장할 가능성을 지니고 있었다. 그의 특별한 취미만큼이나 소재 선택의 다양성, 문장을 끌고 나가는 재치, 끊임없이 쏟아져 나오는 번득이는 언어, 사물을 보고, 관찰하고, 분석하는 통찰력 등 문학인이 갖추어야 할 기본 재능은 모두 가지고 있었다. 그러나 그는 욕심이 없었다. 끈질기게 물고늘어지는 적극성이 없었다.

예컨대 작가로서 근성이 부족한 것이 흠이었다. 정이 너무 많은 것이 오히려 문학에 대한 절실성을 잃고 있었는지도 모를 일이다. 정이 많다는 것은 끊고 맺음이 불분명하다는 뜻이다. 무엇인가 결정을 해야 할 순간에 멈칫멈칫하다가 잡아야 할 것들을 놓치고 만다는 얘기다.

영환은 앞에서도 말한 바와 같이 친구 좋아하고, 노래 좋아하고, 그러다가도 느닷없이 강물에 둑 무너지듯 쉽게 힘이 빠지는 나약한 마음도 갖고 있었다. 그러한 것은 다분히 감성적이어서 음악이나 문학으로 풀어냈는지도 모른다.

최근에 와서는 나와 만날 기회가 그리 많지 않았으나 영환과 함께 40여 년 가까이 술을 마셨으니 그래도 어디 정이 남달랐겠는가. 술의 양과 버릇도 비슷해서 항상 좋은 친구, 좋은 형과 아우처럼 지낸 사이인데도 자신의 어려움이나 좌절, 갈등 같은 쉽게 넘길 수 없는 일들은 끝내 한마디 말도 없이 떠난 것을 보면 참으로 안타깝다 못해 이런 것이 인생이구나 싶다.

생각하면 잊을 수 없는 것들이 너무 많다. 그의 주량은 끝이 없었다. 또 한 번 잠이 들었다 하면 천하에 누구도 깨울 수 없다. 그의 그 같은 성격은 남을 모두 자신의 마음처럼 믿고 있다는 뜻도 되지만, 그런 자신의 버릇 때문에 다른 사람의 나쁜 버릇까지도 사랑하고 좋아했던 사람이 영환이었다.

영환은 항상 남의 눈에 띄지 않는 곳에서 일을 했다. '잠자고 있구나.' 했을 때 일어나 글을 쓰고, '술 마시고 있구나.' 했을 때 일어나 작곡을 하는 사람이었다. 그래서 그를 잘 모르는 사람들은 매일 술이나 마시고 놀기나 하는 사람으로 착각을 하기도 했다. 그런 그의 태도는 언젠가 대작을 하나 쓰고도 비실비실 웃음을 흘리며 술집 안으로 들어설 사람으로 기대하고 있었다.

그런 영환이 세상을 떠났다. 괘씸하게 아들, 딸 하나 시집, 장가도 보내지 않고, 사랑하는 아내를 두고, 서둘러 황망히 떠났다. 차디찬 막걸리 잔 앞에 놓고, '세월 가면 잊어질까 세월아 말을 해다오.' 흐드러지게 노래 부르던 그 시절 다 잊어버리고 세상을 떠났다. 겨우 예순 살. 이제 교육에 대해, 문학에 대해 자신 있게 이야기할 나이에 세상을 떠났다. 세월이 가고 차례가 되면 상도 받아 보고, 회장도 되어 보고 여러 가지 자랑할 것도 많이 생길 텐데, 그 차례도 못 지키고 영환은 허망하게 떠났다.

그래서 세상은 못 믿을 것이라 하지 않았던가. 그래서 세상은 슬픔이라 하지 않았던가. 그래서 세상을 보잘것없는 누더기 같은 것이라 하지 않았던가. 이제 세상의 더러운 누더기 다 벗어 던지고 슬픔도, 정열도, 경쟁도, 점수도 없는 곳에서 편히 잠들기 바란다.

꽃차 타고 떠난 소년 - 조규화

영원한 역사 기록자 조규화

스산한 겨울 문턱이다.

이맘때만 되면 으레 오래전 세상을 떠난 몇 사람의 아동문학인들이 자꾸만 머릿속에 떠오른다. 동화작가 오영환, 동화작가 조규화, 동시인 전이곤이 바로 그들이다. 지금 살아있다면 예순예닐곱쯤 되었을까? 그들이 이토록 보고 싶고 그리운 까닭은 무엇일까? 이제 생을 얼마 앞둔 늙은 사람의 외로움 때문은 아닐까?

그러니까 40여 년 전의 일이다.

아동문학가 윤갑철 씨와 필자가 몇 사람들을 모아 전북아동문학회라는 동인 단체를 만들었을 때의 일이다. 이때 아동문학에 대한 열정과 호기심, 기대감으로 가득 찬, 서른을 갓 넘었을까 말까 한 두 사람과 서른은 훨씬 넘어 보이는 또 한 사람이 그 속에 끼어 있었다. 유난히 자신감이 넘쳤던 이들에 대해 나는 숨길 수 없는 믿음이 앞을 섰다.

조규화는 방금 군 생활을 마치고 돌아온 빡빡머리 그대로였고, 전이곤은 교육대학을 졸업한 지 얼마 안 되는 햇병아리 교사였다. 오영환은 그들보다는 조금 위가 되는 선배였다. 규하는 이제 막 신문사에 입사, 공무국에서 활자를 줍는 인쇄공이었고, 이곤은 시골 조그마한 초등학교에서 어린이들과 소꿉놀이를 하다 뛰어 들어온 머쓱한 청년이었다. 영환은 조금 앞서 초등학교에서 음악을 잘하는 선생으로 이미 소문이 나 있었던 사람이었다. 그런데도 영환은 아동문학이 하고 싶어 쌍수를 들고 참여했다는 만능주의자였다.

오영환은 이미 그의 유고집에서 언급을 한 바 있고, 이곤에 대한 이야기는 다음 기회로 넘기기로 한다.

"너희들, 술 마실 줄 알아?"

나는 대뜸 이들에게 말도 안 되는 말로 인간적인 면모를 알아보기 위해 테스트를 한 번 해보았다. 술이라고 하자 이 세 사람의 얼굴이 발그스레하게 상기되면서 자신감 넘치는 태도였다.

"다른 것은 몰라도 술에 대해선 자신감이 있는데요."

조규화가 말을 받았다. 그러자 두 사람이 뒤에서 맞장구를 쳤다.

이날부터 이 세 사람과 나는 자주 만나는 사이가 되었다. 아니나 다를까 세 사람은 술에 대해선 밤을 지새워도 끄떡없었다. 그래서 나는 이들이 더욱 좋았는지도 모를 일이었다. 그리고 나는 이들과 많은 이야기를 나누었다.

문학이란 어느 시대, 어느 장르, 어느 작가에게도 가장 소중하게 생각해야 할 것은 궁극적으로 인간의 삶이 원천이다. 인간의 삶이란 결론적으로 인간에 대한 사랑이라는 것이다. 예컨대 어떤 장르의 문학에서도 인간의 삶이나 사랑을 빼곤 아무런 감동도 줄 수 없다는 얘기다. 아동문학에서는 더더욱 그렇다. 아동문학은 성인인 아동문학가가 쓰지만 그 독자의 대상은 어린이들이기 때문에 그렇게 해야 한다는 뜻이다. 아동문학은 그래서 문학성도 중요하지만 교육성도 함께 강조하고 있는 것이다. 따라서 어린이들이 감동하고 즐거워하는 글이란, 사회적 현실의 고발이나 역사적 사건보다는 인간에 대한 지극한 사랑이나 높은 이상을 가진 사람들의 이야기가 우선해야 한다고 했다.

내가 술에 취해 이렇게 이야기를 하자 이들은 이미 아동문학에 대한 원론적 주장에 대해 잘 알고 있었다는 듯이 약간 비

웃는 투로 고개를 끄덕이고 있었다.

이 무렵 아동문학회 회원들은 한번 만나면 밤을 지새우며 토론을 하고, 상호 비평도 하고, 문학인으로 갖추어야 할 자세와 정신까지 진지하게 이야기하고 있었던 것을 보면 이미 이들에겐 문학적 잠재력이 깊게 뿌리내리고 있었다는 얘기였다. 이들은 이렇게 문학으로 꽁꽁 묶어놓은 것은 술이라는 매개물이었는지도 모를 일이었다. 이들에겐 술이라는 것과 문학이라는 것의 갈등 구조를 술이라는 것이 봉합하고 있다는 표현이 맞을는지 모른다. 인간의 삶과 문학을 그만한 갈등과 고통도 없이 접근한다는 것은 이들에겐 아직 사고의 영역이 거기까지 미치지 못하고 있다는 얘기이기도 했다.

초대회장인 윤갑철은 이들의 욕구를 감당하기에 충분했다.

이들은 으레 만나면 냉정하리만큼 서로의 작품을 비판했다. 그렇지 않고는 더 이상 발전할 수 없다는 것을 잘 알고 있었기 때문이다. 상호 발전을 위해서는 이 정도의 고민을 감당해야 한다는 것도 이들은 잘 알고 있었다. 합평회가 끝나고 나면 모두 제자리로 돌아가 언제 그랬느냐는 듯이 술잔을 나누며 서로 사과하고 위로했다. 이것이 초창기 전북아동문학회의 분위기였다.

회원들 가운데는 일선 학교 교사들이 많았다. 그런 관계로 단순히 자기 작품 활동에만 열정적인 것이 아니라 어린이들의 교육환경에도 남다른 관심을 가지는 것은 당연한 일이 아닐 수 없었다. 그래서 아동문학이라는 것이 다른 문학과 다른 점이었다.

어린이들의 글짓기 교육이나 동요 부르기 등 어린이들의 교육이 결코 아동문학과 떨어질 수 없는 상관관계를 가지고 있다는 이야기다. 따라서 해마다 글짓기 대회도 개최하고, 글짓기 교육의 필요성을 학교에 보급, 권장하기도 하고, 어린이들의 동요 부르기에도 함께 했다. 일요일에는 어린이들이 많이 모이는 장소를 찾아가 함께 노래도 부르고 글짓기 요령도 가르쳐주는 등 봉사 활동까지 서슴지 않았다. 아동문학의 외적인 교육활동에도 소홀하지 않았다는 이야기다. 이런 활동에는 언제나 오영환, 조규화, 전이곤이 있었다. 이들의 바로 페스탈로치였다.

아동문학회의 모임의 장소도 저변 확대가 가능한 곳을 선택해 개최했다. 익산, 군산, 정읍, 남원, 장수 등 가리지 않았다. 아동문학에 가담하고자 하는 사람에겐 먼저 작품이 아니라 노래 실력으로 가부를 결정했다. 회원 가입이 쑥스럽거나 번거로움을 피하기 위해서였다. 술 실력은 본격적으로 갖추어야 했다. 상호 이해를 돕는 데는 술 이상의 방법이 없다는 것이 이들의 주장이었다. 그래서 이들이 젊은 나이에 일찍 세상을 떠났는지도 모른다.

조규화는 앞에서도 말했다시피 전북아동문학의 창간 멤버였다. 그가 신문사에서 근무했던 관계로 잡지 편집의 기본 적인 기능에 대해 조금은 알고 있었으므로 초창기 회지 편집에도 적극 참여했다. 창간호에서부터 세상을 떠나기 얼마 전까지 전북아동문학 회지 편집을 한 번도 거르는 일 없이 계속했고, 자신의 동화 작품도 빼놓지 않고 발표했다. 그만큼 책임감이 두터웠다는 뜻이다.

초창기 그의 작품은 주로 우화적인 내용의 동화를 많이 썼다. 〈하얀 돌의 기쁨〉이나 〈왕모래〉, 〈아침에 찾은 우정〉, 〈꼬마 개미의 여행〉, 〈꽃차 타고 떠난 소녀〉, 〈동물 마을에 훈훈한 바람이〉, 〈향기 나는 사람〉 등에서 보듯 조규화의 동화는 소재를 선택하는 것에서부터 이야기를 끌고 나가는 기법이 아주 특이했다.

〈향기 나는 사람〉은 아린 시절부터 향기 나는 사람이 되기 위해 노력하고, 그리고 20년 후 그들이 각기 달라진 모습을 본다는 이야기는 동화나 소년소설에서 흔히 다루는 소재는 아니어서 다른 작가들의 시선을 끌기에 충분할 뿐 아니라 그러한 상황을 모티브로 생각할 수 있다는 것에 주목하고 있었다. 또 〈꼬마 개미의 여행〉은 꼬마 개미 한 마리가 넓은 세상을 동경하다 어느 날 나뭇잎 배를 타고 모험에 나선다. 그러나 꼬마 개미가 가는 곳엔 모두가 무섭고 두려움뿐이었다. 그중에는 배고픔이 가장 견디기 어려운 여행이었다. 결국 좌절과 절망만 안고 되돌아온다는 이야기의 동화다. 간단한 이야기지만 내용은 다분히 교육성이 짙게 깔려 있는 작품이다. 예컨대 자기의 처지나 조건은 고려하지도 않고 무리하게 일을 추진했다가 결국 자신의 작은 힘과 주위의 열악한 조건을 깨닫고 실망한다는 투의 흔한 이야기지만 조규화의 동화나 소년소설의 구상이나 스토리 설정은 언제나 신선한 이미지를 강하게 전달하고 있다는 점에서 항상 주목을 받았던 동화작가였다.

아동문학 작품이 주 독자인 어린이와 부 독자인 성인 일반인들에게 보다 많이 읽히도록 하자면 우선적으로 그 대상자와 이상이 분명해야 한다는 것은 당연한 이야기다. 여기에서 대상이란 '누구에게 읽히려고 쓴 작품인가?' 하는 것이며 두 번째로 이상이란 '무엇을 말하려고 쓴 작품인가?' 하는 것이다. 지금 동화문학은 비교적 질적인 면에서 상당한 발전이 있었다. 바로 그 중에는 조규화를 보고 하는 말이기도 했다.

조규화는 1982년 월간 잡지 《아동문예》를 통해 등단했다. 그 후 7년이 지난 1989년에 동화집 《강물에 띄우는 편지》를 냈다. 그래서 전북아동문학회와는 떼려야 뗄 수 없는 사람이다. 그가 사무국장이나 부회장을 맡아 헌신했다는 것 말고도 아동문학이 아니면 다른 어느 것도 그에게는 생각할 수 없는 것 또한 그랬다. 그가 항상 전북아동문학을 자랑으로 생각하고 있었기에 하는 말이다.

규회는 문단 선후배에 대한 위계질서가 분명했다. 나이가 어려도 문단 선배에겐 예의가 깍듯하다는 뜻이다. 그것은 곧 어른에 대한 공경심으로 귀착했다. 어른의 말이라면 아무리 어려운 일이라도 마다하지 않았다. 어른들이 먼 길의 동행을 요구하면 어느 때든 자리를 박차고 뛰어갈 심성을 가지고 있었다. 그런가 하면 그는 문인들의 성격이나 취미, 취향까지도 꿰뚫고 있었다. 심지어 문인들의 노래 실력과 좋아하는 노래까지도 다 꿰고 있었다.

1996년 '문학의 해'였던가 싶다. 그때만 해도 문학행사가 끝나면 참석했던 문인들은 간단한 저녁 식사를 하고 피로 회복을 위해 노래방을 들를 때가 있었다. 노래방을 가게 되면 노래 부를 순서를 규화가 정해준다. 그리고는 그 차례에 따라 기계의 버튼을 누른다. 그 자리에 있는 문인들이 가장 좋아하는 애창곡을 맞추어 놓는 것이다. 문인들은 자기가 좋아하고 잘 아는 음악이 나오면 자기 차례라는 것을 알게 된다. 그래서 문인들을 깜짝 놀라게 하는 재주가 규화에게는 있었다. "어떻게 자신이 좋아하는 노래를 알고 있느냐?"고 하면 "문인협회 사무국장이 문인들이 좋아하는 노래가 무엇인지도 몰라서야 되겠느냐."는 것이 그의 대답이다.

규화는 노래도 썩 잘 불렀다. 흘러간 옛 노래는 규화에게 물어보면 안다는 것이 그의 친구들의 말이다. 〈전선야곡〉이 그의 애창곡이다. 〈전선야곡〉은 그 노래를 부른 가수 신세영보다 더 잘 부른다고 했다. 또 노래에 관한한 동화작가 오영환과 막상막하였다. 그렇게 사람을 즐겁게 해주고, 편하게 해주고, 반갑게 해주고, 자랑스럽게 해주는 사람이 젊은 나이에 세상을 떠났다. 하느님의 질투 때문이라는 사람들도 있었다. 너무 세상 사람들에게 즐거움을 주니까 데리고 가서 자기의 친구를 만들려고 그랬다는 것이다.

세상을 떠나는 아침에도 다른 사람들을 즐겁게 해주려다 그랬다고 했다. 이날은 같은 동료이자 친구의 딸이 시집을 가는 날이었다. 그날의 주례는 김남곤 시인에게 부탁했다고 했다. 그래서 아침 일찍 일어나 머리도 깎고, 목욕탕도 가고, 때 빼고, 광내고, 그리고 아침 먹고 주례인 김남곤 시인을 예식장까지 모시면 되었을 것이다. 특히 친구의 딸인 신부를 무척 귀여워했다. 신부의 아버지보다 더 멋도 냈다. 그런데 그 목욕탕에서 갑자기 쓰러졌다. 그리고는 일어나지 못했다. 집에서 규화를 기다리던 김남곤 시인은 오히려 걱정이 되어 사방으로 연락을 했지만 알 길이 없었다. 목욕탕에 갔으리라고는 아무도 생각 못했다. 주례인 김남곤 시인도 신부 아버지도 알지 못했다. 늦게야 알게 된 친구들이 찾아갔지만 쓰러진 친구를 일어나게 하지는 못했다. 소문을 듣고 많은 문인들도 찾아갔지만 그를 데려오지는 못했다. 사람들이 모두 조속 쾌유를 빌었지만 허사였다. 긴 잠에 빠진 규화를 살리지는 못했다. 여러 사람들이 백방으로 노력했지만 헛수고였다. 사람들이 간절한 기도에도 불구하고 결국 쓰러진 지 꼭 2년이 되는 날, 규화는 영원히 저세상으로 떠났다.

큰아들 국현이도 장가보내고, 귀여운 손자도 얻었고, 둘째 장욱이도 장가보내 오순도순 잘 살고 있었다. 그리고 딸 아라도 시집보내 행복한 가정을 이루고 있었고 이제 행복이 강물처럼 밀려올 일만 남았는데….

땅을 치며 통곡하는 사람들 뒤에 두고 홀연히 떠났다. 저보다 나이 많은 사람들을 전부 제 발 밑에 무릎 꿇리고, 엎드려 머리를 조아리게 해놓고 무심히 떠났다. 자신의 동화의 제목 《꽃차 타고 떠난 소녀》처럼 영원히 떠났다.

키다리 아저씨 전이곤

그러니까 35년 전쯤으로 기억된다.

어느 날 오후 섬진강으로 낚시질을 갔다가 잠깐 시간이 있어 근처에 있는 마암초등학교에 찾아간 일이 있었다. 그 학교엔 필자와 오래전부터 잘 알고 지내던 백남두 교장이 있었다. 오랜만에 차라도 한잔할까 해서였는데 마침 백 교장이 먼저 나를 보고 밖으로 나오고 있었다. 그때였다, 왁자지껄 교문 밖으로 뛰어나오는 오동통한 아이들 속에 전이곤도 함께 있었다. 수업이 끝난 오후 아이들과 같이 학교 앞 운암강으로 낚시질을 하러 가는 길이라고 했다. 여름 한낮의 긴 시간을 아이들을 데리고 즐거운 시간을 보내기 위한 모습이 부러운 듯 바라보고 서 있던 백 교장이 전이곤을 가리켜 우리 학교에 죽은 페스탈로치가 살아서 돌아왔다고 했다. 교장은 전이곤과 필자가 잘 알고 있는 사이라는 것을 눈치채고 하는 말이었는지 모른다.

"선생이란 직업의 사람들에겐 숙명적인 숙제가 있습니다. 이를테면 생각은 어른같이 하고 행동은 아이같이 할 것인지, 생각은 아이같이 하면서 행동은 어른같이 할 것인지……."

은근히 백 교장은 자신의 교육철학을 바둑판 꺼내놓듯 펼쳐 보였다.

전이곤은 친구가 많다. 이날 오후에도 그의 친구들, 아동문학을 하는 몇 사람을 불러 막걸리 파티, 조금 과장해서 말하면 캠프파이어라도 열 계획이라고 했다. 필자와 백 교장도 참석할 영광을 얻었다고 좋아했다. 저녁이 되자 이들은 강가에 횃불을 밝히고 둘러앉아 누가 먼저랄 것도 없이 술잔이 오고갔다. 술잔이 몇 순배 돌자 오늘의 행사를 벌인 전이곤이 자리에서 일어나 모임의 목적을 이야기했다.

"실은 우리 친구들은 초등학교 교사들이며 아동문학을 하는 사람들입니다. 우리가 어떻게 하면 우리 아이들이 떠안고 있는 무거운 짐인 공부에서 벗어나 즐겁고 자유롭게 마음껏 뛰놀 수 있게 할 것인지 걱정하는 밤입니다. 평소 생각했던 이야기를 자유롭게 말해 봅시다."

따지고 보면 이들은 모두가 매주 일요일만 되면 여러 곳(어린이들이 많이 모이는 곳)을 돌아다니며 어린이들에게 노래부르기, 편지글쓰기, 그림그리기, 수영배우기, 꽃나무가꾸기, 동화 · 동시읽기 등을 가르치고 다니는 일요학교 선생님들이어서 필자 또한 이들을 익히 알고 있었던 터였다.

지금은 그때 그 모임에 참석했던 전이곤(동시), 오영환(동화), 조규화(동화), 김훈일(동화) 등 모두 젊은 나이에 세상을 떠나고 유일하게 하관윤(동극), 김기홍(동극)만 남아 활동 중이어서 자칫 이 글을 쓰는 것 자체가 아무 의미도 없는 한낱 너스레인지도 모를 일이다.

사람들은 흔히 말하기를 아동문학은 순결의 문학이며 자연의 문학이며 동적인 문학이라고 한다. 아동문학에 이러한 일반적 정의를 내리는 것은 그만큼 순수한 마음, 때 묻지 않은 감성이 아니고는 결코 동심과 가까이할 수 없다는 이야기일 것이다. 이를테면 아동문학의 독자인 어린이들의 눈에는 세상의 모든 것들이 아름답게 보이기 때문이다.

물론 어린이들의 세계라고 해서 마냥 즐겁고 기쁜 일만 있는 것은 아니다. 때로는 슬프고, 외롭고, 괴롭고, 쓸쓸하다가도 어느 사이 기쁜 마음으로 되돌아올 수 있는 심성이 있다는 뜻이다. 그래서 아동문학을 하고 있는 사람이나 하려고 하는 사람들은 이러한 어린이들의 마음을 이해하지 않고는 접근하기 쉽지 않다는 말이다.

우리나라 초창기 아동문학계를 이끌었던 방정환이나 강소천 등은 언제나 어린이 대하기를 이제 막 피어오르는 꽃봉오리 보듯 소중하게 생각했다. 또 종심을 연구하는 데 많은 시간을 할애했다. 어린이들과 손을 잡고 높은 산을 오르기도 하고, 넓은 들판을 달려보기도 하고, 다 같이 노래도 부르고 뛰어놀면서 어린이들을 위로하고, 격려하고, 기쁘게 해줬다. 이는 때 묻지 않고 순수한 자연으로 돌아가기 위한 끊임없는 노력이었다고 할 수 있다. 바로 전이곤이 그런 사람 중의 한 사람이었다.

봄비가
구름타고 조용히 내리면
산에도 들에도 마을에도
나무와 풀들이 모여 앉아
이야기꽃을 피운다

흙 내음 풀 내음
졸졸졸 노래하는 시냇가에도
담장 밑 작은 화단에도
새싹들이 모여앉아
맑고 맑은 이야기꽃을 피운다.

－〈산에도 들에도〉 중에서

여름
나무 그늘에서는
부채는 한 마리 나비가 된다.
이야기 춤을 춘다.

맨손으로 멧돼지 잡았다는
입 삐뚤이 할아버지
한창때 힘자랑.

6 · 25 때 용감히 싸웠다는
애꾸눈 할아버지
활 쏘는 시늉.

신이 난 할아버지 부채는
몽둥이가 되었다가
총도 되었다가.

여름, 나무 그늘에서는
모두가 나풀나풀 나비가 된다.

— 〈여름 나무 그늘에서는〉 중에서

전이곤의 시는 산과 들과 강을 빼고는 존재하지 않는다. 나무와 새와 풀과 곤충, 자연에서 길을 찾고 있다. 그의 시집《나무 그 그늘에서》제1장〈산에도 들에도〉, 제2장〈여름 그늘에서〉, 제3장〈비가 내리면〉, 제4장〈바람부는 날〉등 모두가 그의 마음처럼 부드럽고 자유로운 자연에서 표현의 동기가 되는 중심 사상을 찾고 있는 것이 특색이다. 따라서 전이곤의 시는 대체적으로 형식이나 규범 같은 것은 무시해 버린다. 그저 보이는 그대로, 느끼는 그대로 표현한다. 너무 쥐어짜듯 꾸미거나 터무니없는 단어의 나열이나 언어의 유희에는 눈을 돌리고 있다는 얘기다. 그의 순수하고 때 묻지 않은 모습이 한결 편하게 해준다는 뜻이다.

전이곤은 친구가 많다. 친구가 많다는 것은 누구에게나 친절하고, 결손하고, 예의바르고, 그리고 마음씨가 곱기 때문이다. 그의 시에서처럼 항상 즐겁게 살아가고 있는 모습 또한 사람들을 긍정적으로 보기 때문일 것이다.

전이곤은 유난히 키가 크다. 키가 크게 보이는 것은 깡마른 체구 때문이기도 하지만 옷을 꽉 조이게 입는 탓도 있을 것이다. 키가 커서 좋은 것은 뒷자리에 있어도 앞의 광경을 볼 수 있고, 기린처럼 먼 곳에 있는 것을 정확히 확인할 수 있어 좋다.

그런데 사람들은 키가 크면 성격이 단순하고 명쾌하지 못하고 실없는 행동을 한다고들 말한다. 그러나 전이곤은 그와는 정반대다. 물론 키가 커서 손해를 보는 경우도 있다. 자칫 움직임이 굼뜨다고 보는 이도 있다. 전이곤이 때로 앞에 놓여 있는 장애물에 빨리 대처하지 못하고 그것에 걸려 전봇대 넘어지듯 주위 사람들을 당황하게 하는 것도 따지고 보면 그의 낮은 시력 때문이라는 것을 알고 있는 사람은 그리 많지 않다. 그러나 전이곤은 매사에 느긋하고 여유가 있고 자유롭다. 그런 생활태도가 사람들의 마음을 사로잡는지도 모른다.

전이곤은 특히 남의 어려움을 그냥 지나치지 못하는 마음씨를 가지고 있다. 언젠가 길을 가다가 길가에 쪼그리고 앉아 오돌오돌 떨고 있는 말라빠진 거지에게 입고 있던 점퍼를 벗어 입혀준 일도 있을 만큼 동정심이 많다. 그래서 그의 친구들은 그를 미국의 작가 진웹스터의 소설《키다리 아저씨》에 나오는 주인공 키다리 아저씨 같은 사람이라고 해서 전이곤을 키다리 아저씨라고도 불렀다.

전이곤은 술을 좋아했다. 술을 좋아하게 된 데는 그의 술친구들의 한결같은 유혹을 뿌리치지 못한 탓도 있지만 천성적으로 다른 사람의 호의를 거역하지 못하는 성격도 한몫을 한 셈이었다. 그런 그의 태도가 반가운 사람을 만나면 밤을 지새우는 경우가 예사였다.

이 무렵 전이곤과 자주 만나는 사람들 중에는 교육대학의 선후배들을 비롯 아동문학을 하는 젊은이들 오영환, 조규화,

김훈일, 하관윤, 김기홍, 화가이며 아동문학가인 강옥철, 이방우가 어울려 시내 한복판을 좁다 하고 휩쓸고 다녔다. 이들은 술이 거나하게 되면 자기가 좋아하는 시 한 편씩을 외우며 안주로 삼기도 했다.

젊은 시절, 흔히 자신의 앞날에 대한 불확실성, 또는 불만, 갈등으로 방황, 반항 등 심리적 현상이 아니었나 미루어 짐작이 간다. 또 직장, 사회, 가정 등 꽉 막혀 있는 현실 세계를 밖으로 발산하지 못하고 안으로 안으로만 숨겨놓아야 하는 어쩔 수 없는 소시민의 애환을 상징적으로 나타내는 심리도 작용했었으리라 생각된다. 어쨌든 전이곤은 머리끝에서 발끝까지 술의 양을 다 채우려면 거의 몇 말로나 계산했어야 될 일이었다. 그런데 그에게는 독특한 술버릇이 하나 있었다.

오래전 일이다. 대구에서 한국아동문학 세미나가 있었다. 한국아동문학회가 여름마다 연례행사처럼 치르는 만남의 장이었다. 이날 공식 일정이 끝나면 회원들은 오랜만에 만난 친구들끼리 삼삼오오 짝을 지어 술집으로 달려가는 것이 이날의 하이라이트였다. 물론 술에 자신이 없는 사람들은 호텔(숙소)에 일찍 들어가 잠을 자거나 혹은 내일의 일정을 설계하기도 한다. 술을 좋아하는 사람들은 술집으로 가서 회포를 풀다가 돈이 떨어지거나 술에 취하면 숙소로 들어간다. 그날 밤, 대부분의 회원들이 늦게까지 입실을 마쳤는데도 전이곤이 보이지 않았다. 무슨 사고라도 일어난 게 아닌가 해서 같이 참석했던 일행들은 발을 동동 굴렀다.

경찰에 신고도 하고 시내 곳곳을 찾아 나섰지만 헛수고였다. 밤을 꼬박 뜬눈으로 지샜다. 이튿날 날이 밝기 전 집으로 전화를 했다. 대답은 밤늦게 돌아와 지금 잠에 깊이 떨어졌다고 했다. 뒤늦게 전이곤은 동료들에게 사과를 했지만 전주까지 데려다 준 놈은 괘씸하게도 술이란 놈이었다고 변명을 늘어놨다.

1996년이었던가. 무주 구천동에서 전북문인협회 세미나가 있었다. 그날도 세미나가 끝나자 문인들은 시원한 여름밤의 구천동에서 그냥 시간을 보낸다는 것은 너무 아쉬운 일이 아닐 수 없다며 끼리끼리 모여앉아 즐거운 한때를 술을 마시며 즐기고 있었다. 그런데 이날도 술이 취해 돌아다니던 전이곤이 갑자기 보이지 않았다.

그이 친구들이 모두 찾아보았지만 허탕이었다. 그의 술버릇을 잘 알고 있었던 친구들이 전주의 집으로 전화를 했다. 아니다 다를까, 이날도 전이곤은 집에서 곤히 잠들어 있다고 했다. 아무리 술을 많이 마셔도 절대로 밖에서 잠을 자는 일이 없는 고집불통이었다.

전이곤은 1971년에 시작한 전북아동문학회 창립 멤버로 참여했다. 1972년 첫 번째 작품집 《사랑이 꽃피는 나무들》에서 시 〈양지에서〉와 〈고향 1〉, 〈고향 2〉를 발표하면서 본격적으로 아동문학을 시작한 셈이다. 그의 첫 번째 작품을 눈여겨볼 필요가 있다.

양지에서

이른봄 사르르 눈 녹을 때
웃음 가득 띤 아이들,
찾아간 산모퉁이 양지쪽 햇빛이 일찍 와 기다립니다.

산기슭 모두모두
어린이 마음,
할머니 얘기하다
할아버지 생각.

할아버지가 보고 싶습니다.

전이곤은 소소한 사물 하나하나까지 경건한 마음과 정성으로 마주하고 있음을 알 수 있다.

사람이 사람을 사랑한다는 것, 어른이 어린이를 사랑한다는 것, 인간이 자연을 사랑한다는 것을 모른다면 결코 교육자도 아동문학가도 될 수 없다는 단호한 결의도 하고 있었다. 전이곤은 모든 길은 사랑으로 사랑으로 통하고, 사랑으로 보아야 한다고도 했다. 전이곤의 이러한 생각이나 마음을 갖게 한 것은 분명 그의 아내인 하은주의 역할이 컸다고 보는 이들이 많다. 대부분의 남자들의 자신감은 아내인 여자들의 지극한 내조도 한몫한다는 뜻이다. 아내인 하은주 역시 교육대학을 나와 같은 교직에서 어린이들을 보살피는 사랑의 손길이 전이곤의 강한 이미지를 부드럽게 만들었다고 그의 친구들은 말한다. 2004년 전이곤이 교단에서 쓰러져 다시 돌아올 수 없는 저 먼 세상으로 떠났다는 이야기를 들은 많은 사람들은 '젊은 나이에 그 정도의 병도 못 이긴대서야 말이 되느냐'고 대수롭지 않게 생각했던 것을 가슴을 치며 후회했다. 그런 줄 알았더라면 마지막 가는 길이라도 지켜주었을 걸, 때늦은 슬픔을 감추지 못했다.

그가 마지막 떠나는 날, 인후 천주교당 앞뜰에는 코스모스가 활짝 피어 하늘하늘 그의 마지막 길을 배웅하고 있었다. 가족들의 울부짖음도 뒤로하고 말이다.

끝으로 전이곤이 술만 마시면 즐겨 부르던 신석정 시인의 시 〈입춘〉을 소개하고 그에 대한 글을 맺는다.

입춘

되도록 얼굴을 펴고 걸어가십시오.
그리고 한눈을 팔아서는 안 됩니다.

되도록 웃는 얼굴로 걸어가십시오.
구름에 묻혔어도 태양은 보고 걸어야 합니다.

– 어둠을 따라갈 수야 있겠습니까?

되도록 웃으면서 걸어가십시오.
시시한 것들은 아예 눈여겨볼 것도 없습니다.

되도록 서로 손을 잡고 걸으십시오.
허전하게 걷는 것도 슬픈 일입니다.

– 〈동반자가 없어서야 하겠습니까?〉

되도록 숨이 차도 참고 걸으십시오.
머언 봄이 벌써 눈을 부스스 뜨고 있습니다.

하느님 꽃신 신고 떠난 김훈일

1. 고통의 세월은 다가오고

어느 날, 이른 새벽 요란한 벨소리에 놀라 잠을 깼다.

불길한 예감에 온몸이 후들거렸다.

전화기에선 여자의 울먹이는 소리가 들리고 있었다.

나는 순간 김훈일의 운명이 가까이 다가오고 있음을 짐작하고 있었다.

"아, 사모님이세요."

"선생님, 김훈일 선생이 방금 운명하셨어요."

김훈일 선생 부인의 가슴을 쥐어뜯는 슬픈 목소리였다.

훈일의 죽음은 이미 돌이킬 수 없는 먼 길을 가고 있다는 것을 그의 친구들이나 가족들까지 현실로 받아들이고 있었다.

그러나 행여 기적이라도 일어날 것을 기대하고 있었던 것도 그마저 안타깝게 끝이 난 것이다. 참으로 슬픈 일이었다. 아직 한참 일할 나이가 그렇고, 어린 자녀들과 젊은 아내가 겪어야 할 앞날의 고단한 삶이 그렇고, 사랑하고 존경하는 아버지에게 죽음이라는 자식으로서 씻지 못할 시련을 안겨준 딸의 고통과 회한은 또 어떻게 하라고 그냥 그렇게 떠난 것인가.

생전에 김훈일은 《피노키오》와 같은 대작 한 편 써보는 것이 소원이라며 희망에 부풀어 있었는데 그의 꿈은 자신의 제단에 노란 연기로나 피어오를 뿐이었다.

김훈일은 얼마 전까지만 해도 아주 건강한 모습이었다. 밥 잘 먹고, 학교 근무 잘하고, 자녀들 잘 자라고, 집 안팎이 두루 평안해서 행복과 기쁨이 온통 자신을 위해서만 존재하는 것이 아닌가 했다. 그런데 이놈의 불행이라는 악귀가 언제나 남의 행복에 심술을 부리며 따라다니는 것이 무엇 때문인가.

얼마 전, 곱게 키운 큰딸이 자신의 앞날을 설계할 직장(금융업)을 구해 가족들은 물론 이웃들까지 모여 축하하는 자리를 마련했는데, 그 딸이 아직 직장 사람들과 얼굴도 익히기 전에 어느 교회 목사라는 이름의 사기꾼에게 많은 액수의 돈을 사기당하는 일을 겪었으니, 아직 나이 어린 직장 초년생이 주변에 그런 사기꾼이 있으리라곤 어찌 상상이나 했겠는가, 그것도 사회의 귀감이 되어야 할 목사에게 그렇게 되었으니 그 아비 된 사람으로 통분하지 않을 수 있었겠는가. 김훈일은 끓어 오르는 분노를 견디다 못해 목사고 누고 간에 당장 패대기라도 쳤으면 했지만, 그 자리에서 정신을 잃고 쓰러지고 말았다. 참으로 안타까운 일이었다. 그 뒤 김훈일은 오랫동안 병원에서 치료를 해야만 했다. 몇 달이 지나 퇴원은 했으나 온몸은 자유롭게 움직일 수가 없었다. 처음 당하는 일이어서 김훈일은 도저히 감당하기 어려운 일이었으나 빨리 일어나 모든 일을 제자리로 돌려놓아야 한다는 책임감으로 재활치료에 열성을 다했다. 학교에는 사표를 냈다. 짧은 기간 안에 학교에 나가기가 쉽지 않다는 것을 김훈일은 알고 있었기 때문이었다.

> "슬퍼도 어쩌겠는가, 원통해도 어쩌겠는가, 어른의 탐욕과 비굴을 욕하고 권력의 무능과 무책임을 규탄하고 제 가슴을 아무리 치며 통곡한들 지나간 일이 돌아오겠는가."

김훈일의 불운과 병환에 대해서는 여기까지만 말하기로 하고 그가 아동문학에 심취했던 시절의 이야기를 알아보기로 하자.

2. 문학에 심취했던 시절의 행복

김훈일이 아동문학과 인연을 맺은 것은 1979년쯤으로 기억된다. 어느 시골 초등학교에서 교사로 근무하고 있을 때였던가, 전북아동문학회가 도도한 기적소리를 내며 출발한 지 6년째 되는 해, 동인지 제5집 《백일홍 마을의 합창》과 함께였다.

첫 인상이나 성품은 시골학교 선생님들인 다 그러하듯 통통한 몸집에 마음씨 착한 싸리나무 이장님 같은 모습 그대로였는데 교육대학에 다닐 때는 공부 잘하고 바둑 잘 두는 학생으로 언제나 그의 곁에는 선후배들이 많이 모여 들었다고 했다.

따지고 보면 김훈일의 문학에 대한 관심도 그때부터라고 했다. 아동문학이 아닌 시나 소설을 많이 읽고, 썼다고 했다. 아동문학의 친구들에 의해 처음 접하게 된 것이라며, 한 번 마음먹은 일은 열심히 해보겠다는 결의가 눈에 번득이고 있었다.

사실 처녀 총각시절 문학 안 해본 놈 있는가, 비아냥거리는 소리도 듣고, 그냥 흘려버릴 수 있는 나이로 잘 참고 견뎠다는 것은 큰 다행이었다.

김훈일은 그동안 여러 지면을 통해 작품을 발표해왔고, 문단에도 이름이 알려진 사람이라는 것은 그때 이미 알고 있었다. 단 아동문학에 대해서만은 초년생이어서 다소 주춤거리고 있었을 뿐이었다. 뒤늦게 시작을 했으니 그에게는 몇 배의 노력이 필요했을 것이다.

아동문학은 사회적 모순이나 인간적 갈등을 직설적으로 표현하는 다른 장르의 문학과는 달리 항상 아름답고, 꾸밈이 없고, 희망적이며 순수해야 하는 것을 훈일은 이미 체득하고 있었다. 물론 인간이면 누구나 가지고 있을 명예욕이나 공명심 따위는 있을 수도 있으나 그것은 안으로 안으로만 간직하고, 오히려 그것을 다른 에너지로 발산한다면 더 값진 인간다움이 아닌가도 생각하고 있었다. 훈일은 말이 별로 없었다. 매사에 느긋한 마음으로 결코 자기를 드러내지 않는 성격이었다. 문학을 하는 사람들이 그러하듯 자기도취에 빠지거나 과대노출, 교만, 자만심 따위는 훈일에게는 찾아볼 수가 없었다. 때로 이것이 미덕이 아니라고 오해하는 사람들도 훈일의 성격을 잘 알게 되면 그것은 그가 타고난 아동문학가로서 자질을 갖추고 있음을 깨닫고 박수를 보내게 된다. 그런 성격은 그의 작품 속에서도 여기저기에서 발견하게 된다. 이를테면 글쓰기에서 너무 서두르거나 약삭빠르거나 기교, 재치 등엔 신경 쓰지 않는 순수하고 소박한 마음으로 접근하고 있다는 이야기다. 그래서 김훈일의 작품은 처음에는 그저 담담하고 평범한 느낌이 드나 그 내면 세계를 들여다보면 언제나 변하지 않는 꿈과 이상이 짙게 깔려있다는 것을 발견하게 된다.

김훈일은 이미 1993년에 동화집 《하나님의 꽃신》을 발간했고, 1995년에는 동시집 《철이와 우주선》을 펴내 문단에 튼튼한 자리를 잡고 있었다. 훈일은 처음에는 동시로 출발한 것으로 알고 있다. 첫 작품이 《비눗방울》로 기억된다.

〈비눗방울〉을 통해 이미 오래전부터 시적 능력을 가지고 있다는 것을 소개하고 있다. 언제부터 동화로 장르를 바꾸었는지는 전북아동문학 제16집부터였던 것으로 알고 있다. 〈탱자나무와 정자〉, 탱자나무와 정자는 여름철만 되면 서로 어린이들의 사랑을 독차지하려고 시샘을 한다. 어린이들에게 시원한 바람을 선물하려고 온갖 꾀를 내며 한여름을 아웅다웅 보낸다. 그런 어느 날, 사나운 비바람이 몰아친다. 무섭게 몰아치던 폭풍우는 많은 것을 휩쓸고 지나갔다. 탱자나무와 정자도 그중에 큰 피해를 입었다. 탱자나무는 많은 가지가 찢어지고 부러졌다. 정자도 한쪽 기둥이 부러졌다. 비가 그치고 탱자나무와 정자는 꺾이고 부러진 것을 손질하면서 서로 마주 바라보면서도 부끄러워 얼굴을 제대로 들 수가 없었다. 시기해 보았자 아무 소용이 없다는 것을 뒤늦게 깨달은 탱자나무와 정자는 내년 여름부터는 서로 도와 어린이들이 즐겁게 놀 수 있는 시원한 탱자나무와 정자를 만들자며 악수를 했다. 교육자다운 발상이 작품이라며 관심을 가진 일이 있었다. 또 그때 그 작품에 "수"라고 점수를 써주었던 것도 기억이 난다. 그때부터 김훈일은 동시보다 동화를 선택한 것이 아니었나 싶다. 김훈일의 데뷔 작품도 동화 〈말하는 나무〉였다. 1986년 아동문학 평론지에 많은 투고 작품을 제치고 당당하게 편집자의 눈을 사로잡은 작품이었다. 이때부터 김훈일은 승승장구 아동문학계에 새롭게 등장하고 있었다. 그런데 이상하게도 이때부터 차츰 마음이 바빠지기 시작했다. 작품발표도 눈에 띄게 많아졌고, 아동문학이외의 문단활동에도 적극적으로 참여하고, 문인들의 사적인 일에도 열성을 다하는 것 같았다. 누가 뒤에서 쫓아오기라도 하는 듯 바빠지기 시작한 것이다. 동화집 2집 발간도 준비하고 있었고, 동시집도 하나 더 내려고 작품도 열심히 쓰는 것 같았다. 무엇이 이토록 김훈일의 걸음걸이를 서두르게 하는 것인지 알 수가 없었다.

김훈일은 조직을 이끌고 나가는 리더십도 있었다. 오랫동안 아동문학회 사무국장을 맡아 빈틈없이 책임을 다했고, 얼마 후에는 부회장 일도 성실하게 잘 수행한 것도 공로로 꼽힌다.

그가 죽기 얼마 전, 내 사무실을 찾아온 일이 있었다. 그러나 그는 나에게 아무 말도 하지 않았다. 다니던 학교도 그만둔 터라 김훈일에게는 이미 대화를 나눌 사람이 없었다. 대화를 나룰 사람이 없다는 것은 그것이 바로 죽음이었다. 젊은 사람이 하루 종일 집안에만 갇혀 있으니 오후의 산그늘처럼 얼마나 적막했겠는가, 그 모습이 애처롭다 못해 초조해 보이기도 했다. 나는 김훈일에게 대화의 상대가 아니었던 모양이었다.

대화를 나누기에는 생각의 차이가 너무 많았는지 모른다. 김훈일과 대화를 나누려면 바둑이라는 것이 있었는데 그런데 나는 바둑을 둘 줄 몰랐다. 내 주변에는 바둑을 두는 사람이 없었다. 바둑을 두는 사람은 모두 직장에 나가고 없었기 때문이다. 나는 그와의 대화를 해보려고 했으나 소용이 없었다.

"어이, 김 선생 가급적이면 많이 걷는 것이 건강에 제일이라는 것 알아두어야 해."

"예, 알았어요."

훈일은 내 말에 공감이라도 하듯이 휘청휘청 밖으로 나가고 있었다. 나는 마치 그를 귀찮아서 쫒아 보낸 것 같아 몹시 부끄러웠다. 당장 뒤따라 나가서 같이 걸어보려고 했으나 훈일은 벌써 어디론가 사라지고 없었다.

3. 남들보다 재능이 많았던 사람

훈일은 재능이 많았다. 바둑 실력은 이미 수준급이라는 것도 알고 있었다. 교육대학에 재학 중 지방 신문사의 기보 청탁을 받고 써주었던 실력이면 그이 바둑 실력은 정평이 났을 만큼 자랑이었다. 그 시절, 문인들 중에는 그와 겨룰 상대가 없었다. 아마추어 5단, 다른 사람들은 그 나이에 바둑돌을 만져

보지도 못하고 있을 때, 김훈일은 이미 그 돌과 함께 수많은 밤을 지새우고 있었던 셈이다. 바둑에 심취하면 도낏자루 썩는 줄 모른다고 했던가.

내 사무실에는 바둑판이 하나 있다.

어떤 친구가 명인들이 많이 모이는 장소에 바둑판 하나 없어서야 되겠느냐며 가져다 놓은 것이다. 그 때문에 나는 때로 큰 불편을 겪어야 했다. 바둑을 두기 위해 모이는 사람들 때문이다. 사람들이 모이면 재떨이와 물주전자, 때로 심부름까지 해야 하니 어쩌랴. 그래도 바둑을 사랑하는 사람들의 놀이까지 막을 수는 없잖은가. 김훈일과 한 번이라도 바둑을 두어본 사람이면 그의 바둑 실력에 감탄했다. 나는 그런 훈일이 자랑스러울 때가 있었다. 그래서 다른 사람들에게는 허락하지 않는 사무실을 김훈일에게만은 고객으로 환영하고 바둑 선생으로 정식 인정을 했었다.

김훈일에겐 정이 아주 많았다. 그의 주변에 어려운 사람이 있으면 그냥 지나치지 못하는 마음씨를 가지고 있었다. 김훈일과 가깝게 지내던 사람이 있었다. 신문사에서 노조활동을 하다 윗사람과 의견이 맞지 않아 회사를 그만두고 나오는 바람에 생활에 어려움은 물론, 자녀들이 학교에도 가지 못하고 있다는 이야기를 듣고, 매월 쌀 한 가마씩을 보내 사람들의 칭송을 받은 일도 있었다. 그런 사람에게 신은 왜 그렇게 가혹한

형벌을 주는지 모르겠다.

하느님은 이 땅에서 아주 좋은 일을 많이 하는 사람이나 뛰어난 재능을 가진 사람을 좋아하는지 모르겠다. 하늘나라로 일찍 데리고 가는 것을 보면서 사람들이 하는 말이다.

김훈일은 모든 일을 바삐 서둘렀지만 이미 그 힘이 자꾸만 쇠잔해져가고 있다는 것을 느끼고 있었다. 아무 일도 할 수 없을 만큼 힘이 없었다. 김훈일은 자신이 썼던 동화집 《하나님의 꽃신》을 옆에 두고 말없이 바라보고만 있었다. 그 이상은 아무 일도 할 수 없었다.

스산한 가을 문턱이다. 그가 떠난 길가엔 코스모스만 하늘하늘 바람에 나부끼고 있었다.

이맘때가 되면 일찍 세상 떠난 아동문학인들이 그립다. 왜 그렇게 바삐 세상을 떠났는지, 살아남은 우리들의 허허로운 마음과 텅 비어있는 가슴으로 나이만 세고 있는 모습을 그들은 보고 있을까.

부질없이 살아왔다는 자괴감과 외로움, 아쉬움으로 또 한 해를 보내고 있다는 것을 그들은 알고 있을까.

"떠난 자는 남은 자의 가슴에 묻히고, 산 자는 죽은 자를 안고 살아간다. 산다는 게 한순간씩 죽음으로 다가가는 것이라지만 무덤 같은 삶을 어찌하랴."

피아니스트 박성전과의 추억

그러니까 꼭 60년 전, 내가 무주삼방초등학교에서 무주초등학교로 발령을 받고 부임하던 날이었다.

어떤 선생 한 사람이 몇 분을 나에게 소개를 했다. 사람을 소개할 땐 언제나 그 사람의 있는 장점, 없는 장점 다 들추어내 소개하는 것이 상례였던 터라 나는 별다른 관심없이 수인사만으로 예를 표시했다. 그중에 한 사람인, 지금 명예퇴임으로 오랜 세월의 교단생활을 마치고 짐을 꾸리고 있는 박성전도 그런 범주의 소개를 나에게 했다.

그러나 박성전에 대한 소개는 좀 색다른 것이어서 나는 그의 얼굴을 다시 한번 쳐다보았다.

박성전은 앞으로 유명한 피아니스트가 될 사람이라고 했기 때문이었다. 사실 그랬다. 당시 박성전은 피아노를 전공하고 있었는 데다 미남으로 교사들 사이에서뿐만 아니라 학부형들에게까지도 대단한 인기가 있었다.

그 시절, 남자가 피아노를 전공한다는 것은 부잣집 도령들이나, 아니면 타고난 음악적 재능을 가지고 있어도 미국이나 혹은 프랑스 같은 나라에서 유학을 하지 않고서는 어림도 없는 일이라고 생각했던 때여서 박성전의 출현은 그야말로 화젯거리가 아닐 수 없었다.

그런 음악적 재능을 가지고 있는 박성전이 이 학교에 부임을 했다는 것은 이 학교뿐 아니라 이 고장의 큰 영광이 아닐 수 없었다.

물론 이때는 그런 재능을 가진 교사들은 많이 있었다. 그러나 그런 것은 밖으로 쉽게 나타나는 것이 아니어서 피아노에 비할 수는 없었다.

나와 박성전은 비슷한 나이인 데다 약간 운동을 좋아하는 성격도 있어 쉽게 친해질 수가 있었다. 더구나 둘 다 군에서 막 제대하고 나온 뒤여서 무엇이든 자신감이 넘쳐 있던 시기이므로 우리는 학교 교육에 온갖 정열을 쏟을 수가 있었다.

이 무렵, 자주 만나 기고만장하던 친구들로는 김성규, 서상호, 김휴규 교사 등이 있었다. 이들은 모두 비슷한 나이의 학교 선후배들 사이로 성격도 잘 맞아 퇴근길이나 혹은 학교 행사가 끝날 땐 의레 목로주점이나 소위 색시들이 있는 술집도 들러 회포를 풀기도 했다.

그런 까닭에 운동회나 학습발표회나 모든 교내외 행사 때엔 이들이 언제나 맨 앞에서 진두지휘를 한 것도 따지고 보면 이들의 활동영역이 그만큼 컸다는 뜻이기도 하다. 그중에 박성전의 활동은 더욱 눈부신 것이었다.

다만 나는 별다른 재능이 없었으므로 항상 이들 뒤에서 나팔수 역할이나 하는 것으로 만족해야 했다.

박성전은 그런 음악적 재능을 가지고 있는 데다 성격이 활발하고 모든 일에 적극적이어서 앞으로 넓은 세상에 나가 자신의 능력을 마음껏 펼칠 웅대한 포부를 가지고 있었음에도 마음은 언제나 위대한 음악가보다는 지극히 보편적 인간의 삶에 더 비중을 두고 있었던 것으로 기억된다. 그래서 그는 늘 겸손하고, 예의 바르고, 친구 좋아하고, 사람 좋아하고, 무엇이든 양보하며 살았는지 모른다.

이때 박성전 주변에는 많은 여자들이 그를 선망의 대상으로 생각하기도 했다. 내로라하는 규수가 있는가 하면 빼어나게 예쁜 아가씨들도 있었다. 그러나 그는 많은 여자들을 뿌리치고 지극히 평범한 시골 색시를 아내로 맞았다. 그때 많은 사람들은 그의 돌발적인 행동에 대해 의아하게 생각하고 있었다. 장래가 촉망되는 젊은 음악도가 왜 하필이면 음악과는 아무 관계도 없는 시골 규수를 아내로 맞았느냐는 생각에서였을 것이다.

사실 그랬다. 그는 훌륭한 음악가가 되기보다는 훌륭한 가정을 갖기를 원하고 있었는지도 모른다. 그의 긴 안목이 거기에 이르고 있었음을 사람들이 미처 몰랐기 때문이다.

영광 뒤에는 언제나 허탈과 비애만 남는다는 것을 그는 일찍이 간파하고 있었다는 게 옳은 말일 것이다.

나는 진안군 동향면 능길리 신부댁에서 있었던 그의 결혼식에서 비로소 박성전에 대한 삶의 진실에 대하여 깨달을 수가 있었다. 젊은 시절 너무 자신감에 넘쳐 자칫 오만방자하다가 삶의 가치를 잃어버리거나 혹은 허영심에 날뛰다 소중한 삶의 의미를 못 느끼고 허무한 삶을 살아가는 경우까지도 그는 이미 깨닫고 있었다는 얘기다.

인간의 삶이란 어떤 거대한 것을 얻는 것도 중요하지만 작은 것을 얻고도 행복을 느낄 수 있다면 당연히 작은 것을 먼저 선택할 수도 있다는 것을 분명히 보여준 셈이었다.

그 시절, 교원들의 보수는 그야말로 쥐꼬리나 다름이 없어 시골 넉넉한 집안에서 태어난 그의 아내에겐 참으로 고달픈 생활만을 안겨줄 수밖에 도리가 없었을 것이다.

같은 시기 결혼을 한 교원들은 누구나 같은 어려운 생활을 했겠지만, 그런 생활이 불행이라고 느끼지는 않았다 하더라도 교원들의 처우에 대해서는 많은 실망을 했으리라 짐작하고도 남는다.

그런 상황에도 술 좋아하고, 친구 좋아하고, 정이 많은 사람들의 아내들은 얼마나 힘겨웠을까, 다시 한 번 생각하게 된다. 그러나 이러한 어려움과 고달픔도 잊어버리고 오직 2세 교육을 담당한 교원의 아내라는 자부심 하나만 가지고 내조를 잘한 덕택으로 40년이 넘게 교단에서 잘 버티고 설 수 있게 한 것이 아니겠는가.

차제에 박성전의 선택이 얼마나 현명했는가를 다시 한 번 더 생각해 보자는 얘기다. 아직도 박성전은 젊은이 못지않은 힘을 유지하고 있었다. 친구들은 모두 할아버지가 되어 쇠잔해져 있는데도 박성전의 술 실력은 예나 지금이나 조금도 다름이 없으니 말이다.

요즘 나와는 술자리를 같이할 기회가 별로 없어 그의 술 실력은 소문으로만 듣고 있을 따름이지만, 젊은 시절 어느 겨울, 눈이 수북히 쌓인 강가에서 40도가 넘는 고량주를 거의 말술로 마시고도 눈 덮인 들판에 누워 노래를 불렀던 술의 실력이야 지금이라고 어디 가겠는가.

그때 그 술꾼들은 지금은 각기 헤어져 다른 곳에서 살고 있으나 어쩌다 한 번씩 만나기라도 하면 밤이 이슥하도록 술에 정을 타 마시던 사람들의 아니던가.

그렇게 정이 많고 능력이 있는 사람들이 나이를 좀 먹었다 하여 그 자리에서 쫓겨난다니 참으로 가슴 아픈 일이 아닐 수 없었다.

그러나 국가의 결정이니 어쩌랴. 다만 서울로 간 김성규나 서상호, 대전으로 간 김휴규와 같은 시기 같은 날에 교직을 떠난다는 것은 그나마 외롭지 않고 다행이기도 하다.

용케도 한자리에서 많은 날을 흔들림 없이 잘 버티고 살아왔다는 것은 얼마나 다행스럽고 행복한 일인가. 그러나 지금부터가 더 중요하다.

지금까지 똑같은 일상의 틀 속에서 살아왔으나 이제는 자유분방한 생활로 뒤바뀌는 인생의 전환점이 되기 때문이다. 그러므로 남은 여생을 조화롭게 잘 사느냐, 그렇지 않으면 평범한 늙은이로 그냥 그렇게 사느냐 하는 갈림길에서 다시 한 번 멋진 선택을 해야 한다는 이야기다.

이를테면 지금까진 직장생활만 하느라 이루지 못한 어떤 취미생활을 하거나 마지막으로 사회에 봉사를 하거나 산천경계를 두루 돌아다니며 우리들의 어린이들에게 들려 줄 역사문제, 환경문제를 생각하거나 건강한 삶을 위한 새로운 설계를 해야 할 중요한 때라는 것이다.

박성전 같은 사람이야 얼마나 다행한 일인가. 어린이들을 위해 피아노교실이나 음악교실을 열어 어린이들에게 음악적 정서를 심어주거나 소양을 넓혀준다는 것은 남은 삶을 얼마나 멋지고 보람있게 살아가는 길이겠는가. 따지고 보면 젊은 날

놀기만 좋아했던 나 같은 사람에겐 이런 멋진 삶의 기회는 없을 것이기 때문이다.

60평생을 교단에 바쳤으니 이제야 말로 완전히 자신의 것이 아니겠는가. 자신의 소중한 시간을 절대로 남에게 빼앗겨서는 안 된다는 얘기다. 진정한 삶은 이제부터라는 각오로 항상 건강한 모습 보여주길 진심으로 바랐다.

그런데 얼마 전 박성전에게 편지가 왔다.

"형, 65세 정년을 2년(24개월) 앞두고 새 시대의 질높은 교육을 위해서 국민의 정부에서 실시되는 정년단축으로 명예퇴임을 하게 되었습니다. 그러나 교직을 천직으로 생각하면서 살아온 지 43년 4개월이란 세월을 오직 교육에만 봉사하면서 능력은 부족하나 최선을 다했다고 봅니다. 성실한 마음으로 주어진 일에 사명감을 가지고 온갖 정성을 다 쏟았다고 생각하니 미련과 후회 없이 떠나는 홀가분한 마음입니다. 더 교직에 머물러 주기를 간청해도 더 있고 싶지 않은 심정입니다. 명예퇴임을 하면 교육공무원법으로 특진되어 교장으로 임명해 준다니 정부와 교육부의 처사를 고맙게 여겨야 하겠지요.

국회 교육위원장 함종한 의원님의 특별기고에 실린 글에는 '교육계에 공동화 현상이 일어나고 있다. 남루한 환경 속에서도 묵묵히 교단을 지키며 한국교육을 이끌던 중견교사들이 사표를 던졌다. 그들 모두가 교육계를 떠나면 한국교육의 뿌리가 거덜나고 만다. 하잘것 없는 한 포기의 풀도 뿌리를 몽땅 잘리우고는 살아남지 못한다. 하물며 국가의 천년지대계인 교육의 뿌리가 잘리는 것은 국가의 뿌리가 잘리는 것이나 마찬가지다.' 늙은 조개가 진주를 낳는다는 '노봉생주'론으로 부당함을 지적했습니다. 선진국들의 모임인 OECD 가입국 가운데 교원의 정년을 한꺼번에 3년이나 단축한 나라가 어디 있던가요?

정치인들의 나이는 경륜이라 하면서 교사의 나이를 무능으로 몰아치는 모순….

무능의 척도를 나이로 규정하는 것처럼 어리석은 일은 없다고 봅니다. 무능은 나이순이 아니라 인간 됨됨이에 달려 있습니다. 아무리 젊어도 자기성찰이나 자기 개혁의 노력을 게을리하는 것이 무능이라고 봅니다. 그것은 21세기가 아니라 지구의 종말이 온다 해도 변치 않을 만고의 진리인 것입니다.

전북도교육위원회 유홍렬 의장님의 교육시론에 '교원의 정년단축과 사회적 지위 약화로 학생을 가르치는 교원들이 자존심과 권위를 잃고 무기력한 시대 상황에서 무엇을 기대하겠는가. 교육의 백년지대계를 외치는 위정자들의 사고가 한심하기조차 하고 걱정이 태산이다. 중앙집권적이고 관료적인 교육부의 교육행태를 개탄하고 보고만 있을 수 없지 않은가. 나라를 잃고 받았던 설움과 국권회복을 위하여 피흘리며 싸우던 선열들을 어찌 잊을 수가 있는가.'라고 쓰셨습니다. 그렇습니다. 우리 교육의 길을 열고 나라의 문을 연 사람들은 정치가가 아닌 교육자였습니다. 해방 후 제자식도 제대로 가르칠 수 없을 정도의 박봉으로 생계를 꾸렸으며 6 · 25의 혼란 속에 헤맸고, 4 · 19의 정치적 혼란, 5 · 16, 12 · 12의 격동의 정치판의 소용돌이에서 몸부림치며 오로지 소명의식 하나로 교육에 임했습니다. 제가 교단을 선택하여 오늘에 이르기까지 좌절이나 탈선, 태만에 빠지지 않고 그동안 큰 허물없이 떠날 수 있도록 인도하여 주시고 부추기고 채찍질하고 도와주신 형님께 감사한 마음 큰절로 올립니다."

박 선생이 평생을 몸담았던 교단을 떠난다는 것이 얼마나 아쉬웠으면 이런 호소의 글을 나에게까지 보냈을까 생각하게 된다. 앞으로도 자신만을 위해 열심히 살겠다는 각오의 목소리를 들은 것도 얼마 안 되었는데, 오랜만에 만난 친구들과 점심을 같이하다 쓰러져 세상을 떠나고 말았다니 이 얼마나 슬프고도 슬픈일인가?

그의 행복이 거기까지라니 참으로 야속한 운명일 수밖에 없다. 얼마 전엔 친구 김성규도 가고, 서상호도 가고, 김휴규도 갔다. 나만 홀로 남아 이 소식이나마 전하게 되니 얼마나 안타까운 일인가?

그 아버지에 그 아들

어린 시절 나는 유난히 할아버지를 많이 닮았다는 얘기를 들으면서 자랐다. 어떤 점이 닮았다는 것인지에 대해서는 정확히 알 수 없었지만, 이런 일로 나는 할아버지를 무척 좋아했다.

그 시절 우리 마을에는 연례행사처럼 따라다니는 재앙이 하나 있었다. 이 재앙은 이 마을이 가장 소중하게 생각하고 있는 냇물이 가져오는 재앙이었다.

덕유산 준령에서 흘러내려오는 맑고 깨끗한 물에 여름 폭우가 쏟아지는 날이면 갑자기 이 마을은 온통 흙탕물 바다를 이루고, 사람들은 이 재난을 운명처럼 생각하며 발만 동동거리며 살아왔다.

마을 한가운데를 흐르고 있는 냇물이 문제를 일으키는 것이다. 냇물을 가운데 두고 한쪽은 음지뜸, 한쪽은 양지뜸으로 갈라져 유일한 교통수단으로 나무다리가 하나 있었다.

이 나무다리가 조금만 비가 와도 떠내려가기가 일쑤였다. 다리가 떠내려가고 나면 아이들은 물론 어른들까지 꼼짝없이 집안에 갇히는 신세가 될 수밖에 없었다.

학교 길이나 먼 길 나들이도 이 다리가 없으면 모두 포기하거나 먼 길을 돌아서 가야만 했다. 이럴 땐 나는 도리 없이 할아버지에게 한문 공부를 해야 했다.

학교 길이 워낙 멀어 힘겨웠던 탓에 나는 학교에 가지 않고 할아버지에게 한문 공부를 하는 것이 여간 재미있는 일이 아니었다.

《천자문》, 《계몽편》, 《소학》 등 너무 재미있었다. 그래서 때로는 비가 많이 내려 다리가 둥둥 떠내려갔으면 하고 기다릴 때도 있었다. 할아버지는 마을 아이들을 가르치는 서당 선생님이었다. 그런데도 할아버지는 나를 유난히 칭찬했다. 다른 아이들보다 빨리 읽고, 빨리 외우고, 잘 쓰고 하는 것이 무척 즐거웠던 모양이었다.

할아버지는 우리 고장에서 이름 있는 한학자였다. 무주의 역사인 《적성지》에 할아버지에 대하여 다음과 같이 기록하고 있다.

“공은 이천 서씨로 신라 때 아간대부의 벼슬을 지낸 서신일의 후손으로, 가선대부 호조참판을 지낸 서광석의 종손으로, 임오년에 무주로 들어와 안성면 명천리에 자리잡고 살았다.

성품이 강직하고 문장이 뛰어났으며 낮엔 농사를 짓고 밤에는 어린 선비들을 가르치는 데 힘을 쏟았다."

할아버지는 젊은 시절, 유난히 술을 즐겨했다고 한다. 중년이 되어서는 일체 술을 가깝게 하지는 않았지만, 어쨌든 풍류객이었던 것만은 틀림없었다.

내가 사범학교를 졸업하고 고향으로 내려온 지 얼마 후의 일이다. 이날 마을은 여름에 떠내려간 다리는 놓는 날이었다.

다리 공사를 돕는 마을 청년들과 오랜만에 술자리를 함께 할 기회가 있었다.

마을에선 첫 술자리여서 나는 마냥 즐겁고 기뻤다.

학교에 다닐 때는 친구들과 몇 차례 몰래 술을 마신 일은 있었지만 마음놓고 마신 일은 이날이 처음이었다. 이젠 엄연히 졸업도 했고 내일 모레면 학교 선생으로서 당당히 성인이 된다.

술잔이 몇 순배 돌았다.

춘삼월 오후 나절이 태양처럼 이글거리고 있었다.

나의 성인식이라도 하는 것처럼 마을 청년들은 나에게 술잔을 거듭 돌렸다. 세련되지 못한 객기로 술잔을 덥석덥석 받았다.

연신 술심부름을 하던 술집 할머니가 청년들 틈에 끼어 앉으며 한마디했다.

"어이 서선생, 할아버지 젊은 시절을 용케도 닮았구먼…."

그날 술집 할머니는 내 술 실력에 감탄했다고 한다. 할머니는 요샛말로 내 할아버지의 애인이었던 모양이다. 마치 영웅호걸이나 하는 따위의 거만한 몸짓이 할머니에겐 오히려 귀여운 돈키호테로나 보였을 것이다.

나는 그때야 비로소 내 행동이 어른스럽지 못했다는 것을 깨닫고 청년들에게 너무 버릇없이 많이 마셨노라고 사과를 했다.

그런데 그날의 사건은 온 마을에 퍼지고 말았다.

"이놈, 어찌나 배포가 큰지 한 자리에 앉아 술 한 동이쯤은 거뜬히 마셔버릴 술 실력을 가지고 있다는 거야."

나는 그 말이 별로 싫지 않았다. 무엇이든 잘한다는 것은 못한다는 것보다는 낫기 때문이다.

할아버지를 빼박았다는 말도 대단히 영광스러웠다. 그만큼 할아버지는 마을 사람들에게 절대적인 카리스마를 가지고 있는 존재였기 때문이다. 그런 탓인지 나는 글을 읽거나 붓글씨를 쓰는 일에 약간의 소질을 가지고 있었다.

할아버지는 앞에서 밝힌 대로 선비였다. 옳고 그름을 분명히 했다. 옳지 않은 것은 생명의 위협을 느낀다 하더라도 단호히 거부했다. 또한 아무리 좋은 일이라 해도 실행 과정에서 조금이라도 옳지 못하면 이 또한 엄격히 경계했다.

그런 고집스런 카리스마가 마을을 언제나 위험에서 벗어날 수 있게 했다. 따라서 마을에는 옳지 못한 일을 하거나 불미스러운 일을 하는 사람은 절대로 존재할 수가 없었다.

할아버지의 명성은 우리 마을뿐이 아니었다. 할아버지의 그 같은 성격은 기나긴 세월, 일제의 탄압, 해방정국의 소용돌이, 좌우의 갈등, 6 · 25전쟁의 와중에서도 마을을 아무 일 없이 지탱해 올 수 있었다.

할아버지의 이 같은 완고한 권위주의는 철저하게 유교정신에서 비롯된 듯했다. 뿐만 아니라 마을을 다스린 독선은 확고한 학문의 위력이었는지도 모른다. 할아버지와 견줄 만한 인물이 없었던 것도 할아버지로 하여금 마을에서 숭앙받게 했을 것이다.

그것은 장유유서를 어기거나, 일을 하지 않거나, 화투놀이 같은 투기를 하거나, 밀주를 하거나, 법에 어긋나는 일을 과감히 추방하는 힘까지 갖게 했다.

마을이 항상 화평과 안정을 지키고 끊임없이 밀려드는 외부로부터 유혹과 위협을 물리친 것도 할아버지를 중심으로 한 마을 어른들의 단합에 있었겠지만, 언제나 그 정신은 유교적 질서였다. 그 같은 지혜와 슬기가 높은 관직에 있는 사람이 있었다면 당연히 불망비라도 하나 세워 그 업적을 후세에 남겼을 것이다. 그러나 나의 할아버지에겐 그런 것 하나 없었다.

그 같은 것을 바라고 했던 일은 아니었을 테지만 말이다. 나의 할아버지는 집안일에 대해서는 가혹하리 만큼 엄격했다.

할머니, 어머니, 여자들이 어쩌다 바깥출입이라도 하게 되면 그것은 몇 분만 허용되었다. 조금이라도 그 시간을 어겼을 시에는 당장 이글거리는 화롯불이거나 세간이 마당 위를 날아다니는 모양을 보아야 했다. 자칫하면 집안이 온통 불바다가 될 판이었다.

아무도 이런 할아버지 앞에서 말인들 제대로 할 수 있을 것인가. 천상천하유아독존 아무도 그의 권위에 도전할 사람이 어디 있었겠는가.

4대가 함께 살면서도 가부장적 권위주의는 우리 가정의 가훈으로 깊게 뿌리를 내리고 있었던 것이다.

내가 아주 어린 시절, 할아버지는 곧잘 나를 데리고 나들이를 했다. 할아버지의 손을 꼭 잡고 쫄랑쫄랑 따라다니며 보고 느낀 것은 언제나 할아버지의 권위였다.

"아이고 어르신, 장에 오셨어요? 그동안 평안하셨지요?"

모두가 굽실굽실 허리를 굽혀 할아버지에게 인사하는 모습을 보며 나는 자랐다. 내가 자라 친구들과 어울려 어느 마을에 놀러가는 일이 있을 때도 나는 늘 할아버지 명성을 듣곤 했다.

할아버지 이야기만 하면 모르는 사람이 하나도 없었기 때문이다. 그래서 때로는 나의 행동이 자유스럽지 못할 때가 많았다. 행여 나의 행동이 할아버지의 이름에 먹칠이라도 할까 해서다.

남전생옥(藍田生玉)이라 했던가. 할아버지의 그 같은 권위주의는 아버지에게로 대를 이어가고 있었다. 할아버지 살아계실 때야 어찌 그 같은 모습을 감히 나타낼 수 있었겠는가. 할아버지가 세상을 떠나시자 그 같은 모습은 여지없이 나타났다. 그 도도한 기상이 아버지에게 다시 나타나기 시작한 것이다. 완고한 통치자였던 할아버지도 나이에는 어쩔 수 없었는지 여든을 넘기면서부터는 도무지 말이 없었다. 간섭도 설득도 요구도 하지 않았다. 모든 것이 쓸모없이 변해가고 있는 세상살이가 머리에서 떠나가기 시작한 것이다. 어쩔 수 없이 변해가고 있는 시대의 흐름에 고개를 돌리고 있은 셈이다.

버르장머리 없고, 예의 없고, 아무것에나 흥분 잘하고, 잘 울고, 조금만 힘들면 주저앉아버리는 세상을 할아버지는 한탄하고 계셨는지도 모른다. 결국 할아버지는 85세를 일기로 세상을 떠났다. 안보당거(安步當車)의 진리를 몸소 체험하시면서 세상을 떠나셨다. 야인으로 평생을 살면서 가난하긴 했지만 느긋하게 마을 아이들이나 가르치며, 정직하게 벼슬자리 부러워하지 않고 자유스럽게 살아왔다는 생각을 하시며 돌아가셨을 것이다.

슬하에 두 아들을 두셨으나 작은아들은 젊어 병을 얻어 세상을 떠났고, 그래도 효자 아들을 둔 탓에 평생 부족한 것 없이 살다가 떠나셨다.

나는 할아버지가 생전에 나에게 자주 들려주었던 우리 조상들에 대한 이야기와 이분들이 남긴 유명한 시 몇 편을 다시 생각하고 할아버지에 대한 기억을 다시 한 번 떠올리고 있다.

생전에 할아버지의 가문 자랑은 끝이 없었다. 그런 가문의 역사도 헤아리지 못하는 보잘것없는 자손으로 남게 된 것이 여간 부끄럽지 않은 것을 어쩌랴.

할아버지의 생전의 말씀대로 우리 가문에는 훌륭한 문장가가 많았다. 고려 때의 서견(徐甄)[1], 조선시대의 서거정(徐居正)[2], 서경덕(徐敬德)[3], 서기(徐起)[4], 서익(徐益)[5], 서종태(徐宗泰)[6] 등 바로 이들이 당대의 유명한 문장가들이었다는 것을 시골 서당 선생님이었던 할아버지께서 어떻게 알았을까? 지금도 궁금한 것

1 서견(徐甄): 고려 말 공민왕 때 벼슬이 사헌장령(司憲掌令)에 이르고 서견 등은 고려를 지키려다 오히려 역적으로 몰렸으나 워낙 충성심이 강해 죽음을 면했다.

2 서거정(徐居正): 예종 때 좌찬성의 벼슬에 오르고, 시호는 문충(文忠)이다.

3 서경덕(徐敬德): 중종 때 대성리학자로, 화담이라고도 함. 태허설(太虛洩), 원리기(原理氣), 사생귀신론(四生鬼神論) 등 저서를 남김.

4 서기(徐起): 자는 대가(待可)요, 호(號)는 고청(孤靑)으로 당대 명문 장가로 유명함.

5 서익(徐益): 자는 군수(君受)요, 호는 만죽(萬竹)이니 선조 때 급제하여 의주목사(義州牧使)를 지냈다.

6 서종태(徐宗泰): 자는 노망(魯望)이요, 호는 만정(晩靜)이며 숙종 때 벼슬이 영의정에 이르니 시호 문효(文孝)다.

은 마찬가지다. 이젠 할아버지가 안계시니 내 아버지가, 할아버지가 하셨던 그대로 하게 되고, 이젠 아버지가 안계시니 내가 따라서 하게 되니 이 세습의 당당함을 어쩌겠는가?

3부

내 문학의 길잡이

내 문학의 길잡이는 우리 문화유산

1. 시인 선생님과의 인연

내가 어렸을 때, 그러니까 초등학교 3학년 때쯤이었던가, 우리 담임이신 김병수 선생님은 시인이면서 그림에도 남다른 재능이 있었던 것으로 기억이 난다. 우리 반 교실 벽에는 언제나 선생님이 쓰신 그림이 붙어 있어 교실은 한결 아늑하고 깨끗했다. 또 뒷벽에는 우리들이 쓴 글짓기, 그림도 함께 걸려 있어 시와 그림 전시장이었다. 내가 쓴 글이나 그림은 한 번도 빠지는 일이 없이 게시판 위에서 나를 보며 잘 쓰고, 잘 그렸다고 손짓하고 있는 듯 보였다. 선생님은 잘된 글짓기나 그림만 게시판에 붙여 놓는다고 했다. 그래서 글짓기 게시판 위에는 "잘 쓰셨습니다"라고 쓰여 있었고, 그림 게시판에는 "잘 그렸습니다"라고 큰 글씨로 쓰여 있었다. 그땐 그것이 무엇인지도 모르고 잘 쓰고, 잘 그렸다는 말에 마냥 기뻐했던 생각이 난다. 그러나 나는 글짓기보다는 그리기에 더 재미가 있었다. 그런 까닭인지는 모르나 아이들도 내가 그림을 잘 그린다고 부러워했었다. 그래서 아이들 가운데 나는 그림 잘 그리는 아이로 이름을 뽐내며 초등학교를 졸업했다.

중학교에서도 그림 그리기가 나의 특기로 인정받으며 지냈다. 졸업반이 되자 선생님들은 글짓기나 그림을 잘하는 사람은 사범학교로 진학하는 것이 좋은 선택이라며 적극 권유하는 바람에 나는 대전사범학교로 진학을 했다. 그때 비로소 나는 내가 걸어갈 길을 잘 선택한 것이라고 생각하고 있었다. 대전사범학교에는 시인이며 서예가인 한성기 선생님이 계시다는 것을 알았기 때문이었다.

예상한 대로 한성기 선생님은 우리와 언제나 함께했다. 우리들에겐 큰 행운이었다. 선생님에게 자주 시에 대해 이야기를 들을 수 있었기 때문이다.

시란 무엇인가, 시의 본질은 무엇인가, 시와 개성, 시의 호흡, 시의 형식 등, 시인이 되고자 하는 이들에게는 아주 좋은 기회였다. 그러나 나는 이때에도 시보다는 오히려 소설에 관심이 많았다. 그래서 소설이란 소설은 닥치는 대로 읽기 시작했다. 물론 소설책을 구하기가 쉽지 않았던 시기였으므로 많은 책을 읽지는 못했으나 그때부터 나는 소설가가 되는 꿈을 꾸기 시작했다.

사범학교는 시나 소설 이외에도 열심히 공부해야 할 것들이 너무 많았다. 그래서 이것 저것 관심을 기울이다 보니 엉거주춤 학교를 졸업했다. 따라서 시나 소설 따위는 당분간 접어둘 수밖에 없었다.

그해 봄, 나는 모교인 무주 신안성초등학교로 발령을 받았다. 모교란 어렸을 때 추억이 많았던 곳이었다. 그래서 이제는 어린 후배들과 즐거움도 괴로움도 함께 나눌 수 있어야 한다는 압박감으로 마음이 무겁기까지 했다.

어떻게 하면 내가 맡은 아이들에게 즐거움을 줄 수 있을까 걱정이 앞섰다.

어느 날 나는 수현이 초등학교 때 우리들에게 글을 쓰게 하고, 그림을 그리게 해 주신 김병수 선생님을 만났다. 선생님은 이웃 학교의 교장 선생님으로 계시다고 했다. 예나 지금이나 선생님은 시인다운 말씨와 마음씨, 맵시 그대로였다. 그때 언뜻 생각한 것이 그 김병수 선생님과 같이 글짓기를 하고, 그림을 그리고, 잘 쓰고, 잘 그렸다며 게시판에 붙여놓고, 좋아하고, 박수치고, 그런 아이들을 보면서 교단을 지켜야 하겠다고 결심을 하고 있을 때, 아이들 가운데는 의외로 동화책을 읽고 있는 모습이 눈에 띄었다.

나는 깜짝 놀랐다. 동화가 어린이들의 심성을 아름답게 해준다는 것을 까맣게 잊고 살아왔기 때문이었다.

언젠가 한성기 선생님께 들은 바 있는 강소천 선생님이 쓴 동화 〈꽃신〉, 그때 그렇게 재미있게 듣고도 한 번이라도 동화에 대해 생각해 보지 않은 것이 몹시 부끄러웠다. 내가 열심히 읽고 써야 할 것은 시나 소설이 아닌 동화나 동시가 아닌가 깨닫고 있었다. 이 무렵, 지방 신문인 전북일보사에서 어린이들에게 들려줄 동화 한 편 써달라는 원고 청탁이 왔다. 나는 황당했다. 시나 소설을 써본 경험은 있었으나 동화는 한 편도 써본 일이 없었기 때문이었다.

나는 신문사에 전화를 걸어 동화를 한 번도 써본 일이 없다며 정중하게 거절을 했다. 그러자 신문사 문화부 기자는 소설을 쓰시는 선생님이 동화를 쓰지 못한다고 하면 말이 되느냐며 오히려 의아하게 생각을 했다. 몹시 부끄러웠다. 다행히 쓸 시간이 있었으므로 용기를 내어 한 번 써보기로 했다.

참고가 될 몇 권의 동화집과 동화 창작의 기법 등의 이론서를 구해 읽어 보았다. 그리고 동화를 쓰기 시작했다. 쓰면서 생각해 보니 초등학교 때 읽었던 독일의 극작가 쉴러가 쓴 《빌헬름 텔》이라는 동화책이 떠올랐다. 그리고 얼마전에 읽은 《아라비안 나이트》(작자 미상)와 강소천 선생이 쓴 소년소설 《꽃신》을 비롯, 《꾸러기와 몽당연필》, 《대답 없는 메아리》, 《강소천 아동문학 전집》, 방기환 선생이 쓴 소년소설《바람아 불어라》,《우리 겨레의 옛 이야기》, 방정환 선생이 쓴 소년소설《七七단의 비밀》, 김영일 선생의 동화《밤톨 삼형제》도 생각이 났다. 결국 문학이란 상상력으로 이루어진다는 것과 동화의 독자는 어린이들이라는 간단한 진리를 이해할 수 있었다.

전북일보 문화부 권경승 기자의 말에 용기를 내어 처음 써 본 소년소설이《골선방 할아버지》였다.

《골선방 할아버지》가 신문에 발표되자 또 다른 신문사 삼남일보에서도 원고 청탁이 왔다. 내가 쓴 소년소설을 읽은 아이들이 너무 좋아했다. 신문을 돌려가며 읽었다고도 했다. 불쌍한 골선방 할아버지가 아이들의 갸륵한 마음을 그렇게 움직인 것 같다.

내가 살고있는 전주에는 옛날부터 부채(합죽선) 만드는 곳이 많았다. 그렇지만 부채 만드는 일이 그렇게 쉽지는 않아 오랫동안 숙련을 한 사람만이 부채 만드는 일에 종사할 수가 있었다. 그중에서도 부챗살이 되는 대나무를 아주 얇고, 가늘게, 칼로 자르는 일은 수십 년이 넘게 일한 사람도 어려웠다. 그 부챗살을 자르는 일이 골선방이다.

나는 오래전부터 그 부채 만드는 사람들에 대해 관심을 가지고 지켜보고 있었다. 그곳엔 홀로 외롭고 쓸쓸하게 살고 있는 할아버지 한 분이 계셨다. 허리도 굽고, 걸어다니기조차 힘든 할아버지였다. 나는 보다 못해 할아버지를 찾아가 위로하고, 어떻게 가족 한 사람도 없이 부채 만들기만 하고 사느냐고 캐물었다. 그러자 할아버지는 술 몇 잔을 연거푸 마시고 난 다음에야 지나 온 이야기를 털어놓기 시작했다.

“내가 젊었을 때의 일입니다. 내 아내와도 부채 만드는 공장에서 만나 결혼을 했고, 처음엔 아이가 없어 퍽 외롭고 쓸쓸했지만 나이를 많이 먹은 뒤에야 비로소 아내가 아이를 가졌습니다. 나와 아내는 얼마나 기뻤는지 모릅니다. 아내도 나도 매일 그렇게 즐거울 수가 없었습니다. 그러던 어느 날 귀엽고 예쁜 딸을 낳았습니다. 어찌나 기쁜지 나와 아내는 세상을 모두 얻은 것처럼 붕붕 떠다니는 기분이었습니다. 딸 경아가 아장아장 마당을 걸어 다닐 나이가 되었는데 어느 날 갑자기 경아가 보이지 않았습니다. 잠깐 사이였습니다. 정말 순간에 아이가 없어진 것입니다. 며칠을 찾아 다녔지만 헛수고였습니다. 그런데 엎친 데 덮친 격으로 아내마저 병을 얻어 세상을 떠나고 말았습니다. 벌써 20년도 더 지난 이야기입니다.”

할아버지는 딸 경아를 찾는 것도 이제 지쳐 더 이상 아무것도 할 수 없다며 계속 술만 마셨다.

할아버지는 오늘도 부채 만들기에 정신이 없었다. 만들어진 부채는 모두 어린이들에게 나누어 주었다. 딸 향이를 생각해서다.

할아버지가 살고 있는 전주는 옛날에는 '선자청'이라는 기관이 있었다. 마을에서 만들어진 부채가 선자청을 통해 여러 곳으로 팔려 나가기도 하고, 더위에 지친 많은 사람들에게 시원한 바람을 선물하기도 했으나 요즘엔 선풍기, 에어컨 등에 밀려 우리 주변에서 차츰 사라져가고 있는 우리의 오랜 전통과 문화에 대한 관심을 갖고 어린이들에게 널리 알리고자 내 동화의 길잡이로 선택, 지금까지 지켜왔다.

2. 문화유산에 눈을 뜨다

초등학교에 입학하기 전 한학자이신 할아버지에게 《천자문》, 《명심보감》 같은 한문으로 된 책을 읽고, 쓰고, 배웠다. 지금 생각하면 아무 재미도 없이 반복 외우기만 한 탓으로 별로 기억에 남는 것도 없으나 우리 집 사랑방에는 한글로 된 옛날 이야기 책들이 많이 있었던 것으로 알고 있었다. 《유충렬전》, 《옥단춘전》, 《춘향전》, 《장화홍련전》, 《구운몽》 등 우리의 고전은 철저하게 어린이들이 읽는 책이 아니라며 거들떠보지도 못하게 높은 벽장 위에 올려 놓고 꼭꼭 감추어 놓았었다. 우리 사랑방에는 그렇지 않아도 할아버지와 아버지가 언제나 지키고 있어 감히 그런 책을 읽어볼 생각을 하지 못했다. 그러나 내 동무인 정석이네 집 사랑방에는 아이들이 자유롭게 드나들 수가 있어 좋았다. 정석이네 집 머슴인 칠규 아저씨가 아이들과 이야기 나누는 것을 무척 좋아했기 때문이었다. 정석이 말대로 칠규 아저씨의 옛날 이야기는 해도 해도 끝이 없었다. '아지발도와 피바위', '최치원과 자천대', '어청도와 중국 나라 장수'에 대한 이야기 등 한 번 이야기가 시작되면 그칠 줄 몰랐다. 칠규 아저씨의 이야기를 듣는 아이들 중에는 처음에는 나와 정석이 뿐이었지만 차츰 소문을 듣고 하나 둘씩 모이기 시작, 열 사람이 훨씬 넘게 모여들었다. 이야기에 흠뻑 빠진 아이들은 밤늦게까지 눈을 깜빡거리며 칠규 아저씨의 이야기에 오줌 싸는 것까지 잊어버리고 있었다.

'천배산의 북소리', '고남산과 이성계 장군', '당나라 군사들을 혼쭐을 내준 천방산' 이야기, '파랑새가 된 녹두 장군' 이야기, '황희 정승과 나옹대사' 이야기, '이서구와 자갈밭' 이야기 등 무궁무진했다. 아이들은 칠규 아저씨의 이야기를 들으며 무서움에 덜덜 떨면서도 그 이야기가 너무 재미있어 밤마다 귀여운 강아지들 엄마의 젖을 찾듯 조르르 모여들곤 했다. 그런데 내가 동화를 쓰기 시작하면서 깨닫게 된 것은 그것들 모두가 우리 고장의 설화(전설)였다는 것에 놀라지 않을 수가 없었다. 그 무렵에는 그 많은 설화를 한데 묶어 책으로 낸 일도 없었는데 칠규 아저씨는 그 많은 이야기들을 어떻게 외우고 있었는지, 참으로 놀라운 일이 아닐 수 없었다. 나는 이때부터 우리 고장에 널리 전해져 내려오는 전설들을 모으기 시작했다. 어린이들이 즐겁게 읽을 수 있도록 하나씩 하나씩 이야기를 새로 꾸며 동화로 읽는 설화집 《천배산의 북 소리》(1, 2권)이라는 이름으로 책을 내기도 했다.

우리 조상들의 삶과 역사의 뿌리인 설화가 어린이들에게 크게 도움이 되리라 생각했기 때문이다. 물론 책을 읽은 어린이들에게 얼마나 재미있는 이야기로 머릿속에 남아 있을지는 알 수 없으나 우리 조상들의 정신과 혼이 담겨 있는 이야기라는 것은 어느 정도 이해했으리라 믿고 있을 뿐이다. 다만 우리 조상들이 남겨준 이야기가 입으로, 입으로, 우리 어린이들에게까지 전해져 온 소중한 것들이 많다는 뜻이다. 머슴살이를 하면서도 우리의 설화를 그렇게 소중하게 간직한 사람도 있고, 먹고 살기도 힘든 형편에도 우리의 옛것인 국악을 남달리 사랑하고 가꾸는 사람들도 있다. 그런가 하면 너무 힘들고, 돈벌이도 안 돼 포기하거나 외면하고 있는 서커스(곡마단) 같은 보물도 차츰 그 자취가 사라져 가는 것도 있다. 그런데 몇 년 전, 우리 마을에 오랜만에 곡마단(서커스)이 들어온 일이 있었다. 옛날에는 자주 서커스가 우리 마을에 들어와 사람들을 즐겁고 기쁘게 했으나 요즘에는 그 자취를 찾을 수가 없다. 그런데 오랜만에 서커스가 마을에 들어오자 예나 다름없이 사람들은 일

손을 놓고, 그들을 환영하고 좋아했다. 서커스단이 온 마을을 돌아다니며 나팔을 불고, 북을 치고, 어릿광대들이 묘기를 펼치면서 마을은 온통 축제 바람으로 물결을 쳤다. 마을 아이들까지 신바람이 나서 그 뒤를 졸랑거리며 따라다니기도 하고, 흉내를 내기도 하고, 시골 아이들에게는 마땅히 놀 만한 곳도, 놀잇감도 없었던 터라 서커스가 마을에 들어오면 그렇게 즐거울 수가 없었다.

내가 처음 서커스를 구경한 것은 초등학교 5학년 때로 기억된다.

말을 타고 달리며 그 위에서 물구나무서기 등 묘기를 부리는 소녀에게 그만 푹 빠졌던 일이 있었다. 내 또래의 소녀가 그렇게 예쁘고 귀여울 수가 없었다. 어떻게 하면 달리는 말 위에서 떨어지지도 않고 용케 재주를 부리는 그 모습이 지금까지 잊히지 않는 것은 소녀의 헐렁한 블라우스가 바람에 날려 찰싹찰싹 얼굴을 스치고 지나가면 이쪽저쪽 고개를 돌려가며 방긋방긋 웃어주던 모습이 그렇게 예쁠 수가 없었기 때문이다. 또 천장에 매달린 밧줄 위에서 빙글빙글 돌아가던 소녀가 공중에서 거꾸로 매달려 있던 아저씨의 앞으로 훌쩍 뛰어 아저씨의 손을 잡는 재주를 아이들은 오금이 저리고, 가슴이 오싹오싹 떨려 도저히 눈 뜨고 볼 수 없는 묘기를 펼치는 소녀도 잊을 수가 없었다. 또 커다란 부채를 들고 가느다란 줄 위에서 나풀나풀 춤을 추는 어름산이(줄꾼), 어름산이를 밑에서 바라보며 어릿광대(어름산이와 말을 주고 받는 사람)가 하는 소리도 그렇게 재미있을 수가 없었다.

"훠이훠이 잘도 난다."

"높이높이 올라야 고향도 보고 꿈도 꾸지."

어름산이는 줄 위에서 꽹과리 소리, 징 소리에 맞춰 춤을 추고 밑에서는 어릿광대가 소리소리 지르는 모습이 얼마나 재미있는지 모른다. 그렇게 신바람 나는 옛놀이가 요즘에는 우리 주변에서 점점 사라져가고 있다는 것은 너무나 아쉬운 일이 아닐 수 없다.

우리 조상들이 어려웠던 시절, 눈물과 웃음, 희망과 용기, 꿈을 꾸게 했던 우리의 전통 놀이가 서서히 사라지고 있는 것이다.

오랜 역사와 함께 면면이 이어온 전통문화, 나라가 살림이 넉넉할 때는 노래와 춤을 추며 즐기다가도 나라가 어려울 때는 모두가 힘을 합쳐 굳게 지켰던 것은 우리 겨레의 슬기와 끈기가 있었기 때문이다.

나라에 충성하고, 부모에 효도하고, 어른을 공경하고, 친구와 믿음을 지키고, 남녀간에는 엄격한 구분이 있었던 고유한 정신이 우리 조상들의 문화유산이다. 우리는 그 문화유산을 기리고, 보존하고, 빛내야 할 책임과 의무가 있다는 것도 알고 있을 것이다. 그중에는 우리에게 기쁨과 즐거움을 주었던 서커스도 마찬가지다.

전통문화를 우리 마음속에 잘 간직함으로써 우리들이 살아가는 데 큰 힘이 되어 어려움을 당하거나 슬픈 일이 있을 때는 그것을 능히 극복할 수 있는 지혜가 되리라 믿고 다음에 소개하는 《꼭두쇠》라는 동화를 구상하고 발표하게 된 것이다. 어린이들은 어떻게 생각할지 자못 궁금하기까지 하다.

동화를 쓰고, 시를 짓고, 어린이들을 여러 가지 생각은 하고 있으나 생각할 만한 글은 과연 한 편이라도 남겨 놓았는지, 또 나의 아동문학의 나이테가 너무 부끄럽지는 않았는지, 어쩌면 처음부터 가당치도 않게 아동문학, 동화를 쓴 것은 아닌지, 차라리 그림을 그리고, 운동을 하고, 과학을 하는 일에 열성을 쏟았으면 어땠을까, 그도 저도 아니면 모든 일에 너무 연구를 게을리하지는 않았는지, 흘러가는 세월이 아쉬울 뿐이다.

〈동화〉

골선방 할아버지

“쿨룩 쿨룩 쿠울룩.”

"쿠울룩 쿨룩 쿨룩.”

골선방 할아버지의 기침 소리가 또 한 번 아침 찬공기를 가르며 창 밖으로 쏟아져 나왔습니다.

골선방 할아버지의 기침 소리는 새벽이 되면 더욱 심합니다.

소나무 구부러지듯이 휘어진 허리가 요즘 며칠 사이에 더욱 휘어진 것 같습니다.

여든 하고도 훨씬 더 많은 나이를 잡수신 골선방 할아버지로서는 여간 힘든 기침이 아닐 수가 없었습니다.

다른 사람들 같으면 손자들의 재롱을 보며 편안히 쉴 골선방 할아버지에게 식구라고는 잘잘거리고 돌아다니며 집을 지키고 있는 바우뿐입니다. 바우란 놈도 요즘은 주인인 골선방 할아버지의 몸이 불편하게 되자, 여간 걱정이 아닌 듯했습니다.

바우에겐 골선방 할아버지가 친할아버지처럼 좋았습니다.

할아버지가 어디를 가실 때는 반드시 바우를 앞세우고 다녔기 때문입니다.

시장엘 가거나 산에 오를 때도 마찬가지였습니다.

할아버지에게 없어서는 안 될 식구로, 사람보다도 더 극진한 대접을 받으며 살아왔습니다.

그래서 바우의 마음은 더욱 아픕니다.

골선방 할아버지가 기침이 심하면 바우는 이리 갔다 저리 갔다. 그만 조바심으로 어쩔 줄을 모릅니다.

"콩콩콩 콩콩 콩콩."

먼 산을 바라보며 짖어 대기도 합니다.

바우가 골선방 할아버지 집에 와서 살게 된 지도 벌써 일 년이 지났습니다.

바우란 이름은, 골선방 할아버지가 지어준 이름입니다.

바위처럼 둥글둥글하게 생겼다 해서 지어준 강아지의 이름입니다.

골선방 할아버지는 바우를 퍽 귀여워했습니다. 아들도 딸도 하나 없는 골선방 할아버지에겐 바우가 손자처럼 귀여웠습니다.

골선방 할아버지도 바우처럼 따로 이름이 있었지만 동네 아이들에겐 골선방 할아버지 하면 곱고 예쁜 부채를 만드는 할아버지라는 것을 쉽게 알 수가 있었습니다.

골선방 할아버지는 부채를 만드는 선자장이었습니다.

선자장이가 되려면 수십 년 온갖 정성을 쏟아야 한다고 골선방 할아버지는 곧잘 자기 자랑을 하지만, 할아버지도 그렇게 되려면 더 많은 기술을 배워야 한다고 걱정을 하기도 했습니다.

골선방 할아버지는 대나무를 소중한 보물 대하듯 했습니다.

선자장이들은 대나무가 곧 생명이라고 생각하고 있기 때문입니다.

자르고, 씻고, 닦고, 다듬고, 부채를 만드는 일이 여간 어려운 것이 아닙니 다. 그러나 골선방 할아버지는 눈을 감고도 그런 어려운 일을 척척 해낼 수가 있습니다.

아무리 굵고 튼튼한 대나무라 할지라도 골선방 할아버지 손에 닿으면 금방 나긋나긋하고 실처럼 가느다란 부채살이 됩니다.

오랫동안 부채 만들기에 정성을 쏟아 온 골선방 할아버지의 손은 굵고 툭툭한 손가락 마디가, 만든 부채의 수만큼이나 튀어나와 있었습니다.

지난여름이었습니다.

동네 아이들이 골선방 할아버지 집에 간 일이 있었습니다.

동네 아이들이 이따금 골선방 할아버지 집에 찾아 가곤 했으나 이날 따라 할아버지의 마음이 마치 부처님처럼, 예수님처럼, 소크라테스처럼 보인 것은 처음입니다.

할아버지의 조그만 방 안에 예쁘고 고운 부채가 가득가득 쌓여 있었습니다.

부채의 모양도 가지 각색으로 저마다 신기한 바람을 일으키는 것입니다.

“할아버지, 이 많은 부채를 다 어디다 쓰세요?"

부채같이 얼굴이 둥글고 예쁜 선이가 신기한 듯 눈알을 굴리며 물었습니다.

“지금은 이렇게 많이 쌓여 있지만 며칠이 지나면 하나도 남지 않는 걸.”

“이 많은 부채를 어디에 쓰지요?"

“허허! 지금까지 부채를 어디에 쓰는지도 모르는 사람이 있었나? 자칫하면 밥을 어디로 먹느냐고 묻는 사람도 있겠는걸.”

“할아버지, 부채를 어디에 쓰는지, 쓰고 있는 것을 한 번도 본 일이 없어요.”

부채라는 이름만 알고 보았을 뿐, 한 번도 써 보지 못한 석구가 이상하다는 듯이 말했습니다.

골선방 할아버지는 아이들의 얼굴을 한 바퀴 훑어 보고는 눈을 한 번 찡긋했습니다. 그러고는 손바닥을 펴 얼굴에 가깝게 대고 아래 위로 흔들어 보였습니다. 그렇지만 아이들은 부채를 부치는 흉내라는 것을 깨닫지 못했습니다.

아이들 중에는 선풍기나 에어컨이라는 것만 보고 부채는 한 번도 보지 못한 아이도 있었습니다.

"칫! 더운 여름에 바람을 일으켜 덥지 않게 하는 것도 모르니?"

순갑이가 부채도 모르는 아이들이 못마땅하다는 투로 톡 쏘아붙였습니다.

"그렇지, 순갑이가 제일 똑똑한 걸… 무더운 여름, 이마에 땀방울이 송알송알 맺힐 때 이 부채로 몇 번만 부치고 나면 더위는 씻은 듯이 사라지지…."

"헤헤! 이까짓 부채보다는 선풍기가 훨씬 더 시원하고 좋지 않아요?"

장난꾸러기 경식이가 실눈을 하고 히죽히죽 웃으며 하는 말이었습니다.

"허허! 이놈 봐라. 선풍기를 짊어지고 다니면서 더위를 식히는 사람도 다 있다더냐?"

골선방 할아버지는 아이들과 이야기하는 것이 퍽 즐거운 모양입니다.

아이들과 이야기를 하면 골선방 할아버지는 계속 싱글싱글 신바람이 났습니다. 손도 피아노를 치는 사람처럼 더욱 빨라지는 것입니다.

"할아버지, 부채 만드는 일이 어렵지 않아요?"

"어떤 일이든 어렵지 않은 일은 없지. 그렇지만 자기가 하고 있는 일에 보람을 가지고 있으면 어려운 일도 잊고 재미가 나지."

"할아버지, 부채 만드는 일이 그렇게 재미가 있으세요?"

눈이 너무 어두워 안경을 두 개씩이나 쓰고 일을 하는 할아버지의 모습이 너무 안타까워 석이가 하는 말이었습니다.

"암, 즐겁고 말고, 부채를 만들고 있으면 돌아가신 할아버지, 할머니, 옛날 사람들의 생각이 떠오르거든…. 또 멀리멀리 떠나고 없는 친구들의 얼굴도 생각이 나고…."

"할아버지, 부채를 부치고 있으면 정말 옛날 사람들의 생활 모습이나 멀리 떠나고 없는 친구들의 얼굴이 눈에 보인다는 이야기지요?"

"물론이지, 시골의 여름 한낮이 되면 마을 앞 팽나무 그늘이나 모정에 마을 사람들이 모여앉아 부채를 부치며 더위를 식히던 한가로운 농촌 풍경이 생각나듯, 그리운 친구들과 뛰놀던 옛날 생각이 떠오른단다. 사람은 누구나 고향을 그리는 마음이 있기 때문이지…."

할아버지는 마치 선생님이 된 듯이 시간 가는 줄도 모르고 열심히 설명을 했습니다.

아이들은 그날 예쁘고 고운 부채 한 개씩을 할아버지에게서 선물로 받고, 신바람이 나서 집으로 돌아왔습니다.

"콜록 콜록 코올록."

"코올록 콜록 콜록."

할아버지의 기침은 더욱 심해졌습니다.

마을 아이들은 조바심이 생겼습니다.

골선방 할아버지가 큰 병이라도 앓게 되면 여간 큰일이 아니었기 때문입니다.

"외롭고 쓸쓸한 골선방 할아버지, 오래오래 사셔요."

아이들은 하느님께 빌었습니다. 할아버지가 오래오래 사셔야 곱고 예쁜 부채를 많이 만들 수가 있습니다.

할아버지가 마을 아이들에게 들려 준 이야기가 생각납니다.

부채를 만드는 데는 여섯 가지 차례를 거쳐야 합니다.

첫째는, 굵고 튼튼한 대나무를 잘라 가느다랗고 얇게 살대를 만드는 골선방, 둘째는, 대나무에 여러 가지 무늬를 그려 넣는 낙죽방, 셋째는 살을 깎고 다듬는 광방, 넷째는 종이를 접어 대나무 살에 바르는 도배방, 다섯째는 만들어진 부채에 그림이나 글을 써 넣는 화방, 여섯째는 부채에 끈이나 장식을 달아 주는 사복방으로 되어 있습니다.

부채를 만드는 처음 시작이 골선방입니다.

할아버지를 골선방 할아버지라고 부르는 까닭도 여기에서 지어진 이름입니다.

부채를 만드는 사람 중의 으뜸이라는 뜻입니다.

골선방 할아버지가 부채 만들기를 배운 것은 열 살 때라고 합니다.

그때부터 지금까지 칠십여 년을 부채 만들기에만 마음을 몽땅 바쳤습니다.

한 가지 일에만 일생을 바친 할아버지의 마음을 사람들은 알지 못했습니다. 골선방 할아버지뿐 아니라 골선방 할아버지의 아버지도, 할아버지도 부채를 만드는 선자장이었습니다.

골선방 할아버지는 작은 도시 주변, 깎아세운 듯한 산허리에 비스듬히, 무너질 듯 자리잡은 초가집에 살고 있었습니다.

할아버지는 초가집이 좋았습니다.

풀 냄새 물씬 풍기는 산이 좋아 산에서 사는 사람처럼 짚 냄새가 물씬 풍기는 초가집이 좋았습니다.

어느 날 동사무소에서 나온 아저씨가 집을 기와집이나 양철집으로 바꾸는 것이 어떠냐고 했지만 골선방 할아버지의 고집을 꺾지는 못했습니다.

기와집이나 양철집이 싫은 까닭이 또 하나 있습니다.

이미 죽고 없는 딸 경아 때문이었습 니다.

참으로 귀여운 경아였습니다.

길 가에 외롭게 핀 들국화처럼 가냘프게만 자란 경아였습니다. 그런 경아가 학교 길에서 영영 돌아오지를 않았습니다. 돌아오지 않는 경아를 찾아 가보지 않은 곳이 없었습니다. 그러나 끝내 경아는 찾을 길이 없었습니다.

경아가 겨우 3학년 때의 일이었습니다. 이제 갓 걸음마를 배우는 아기처럼 항상 학교 길이 걱정이었습니다. 그런 경아가 학교 길에서 감쪽같이 없어진 것입니다.

분명 누군가 나쁜 사람의 손에 희생된 것이 아닌가, 골선방 할아버지는 반 미친 사람이 되어 있었습니다.

벌써 삼십 년 전 일입니다.

삼십 년간 하루도 잊을 수 없는 경아였습니다.

금방이라도 "아버지!" 하며 졸랑졸랑 뛰어들어올 것만 같은 경아였습니다.

마음 같아선 골선방 할아버지는 당장 어디론가 떠나고 싶었지만 경아 때문에 그럴 수가 없었습니다.

언젠가는 찾아 올 경아를 위해 골선방 할아버지는 예쁜 옷이며 장난감을 그때그때 사 놓기까지 했습니다.

기와집이나 양철집도 그렇습니다.

초가집에서만 살던 경아가 갑자기 기와집이나 양철집으로 변해 있으면 제대로 찾을 수가 없을 것만 같았습니다.

마당에 돌 하나, 풀 한 포기도 제자리를 옮길 수가 없었습니다.

골선방 할아버지가 마을 아이들을 좋아하는 까닭도 경아를 잃은 슬픈 마음 때문인지도 모릅니다.

조그마한 도시가 잠에서 깨어나고 있었습니다.

실안개가 시내를 청소하듯 촉촉이 적시어 놓았습니다.

골선방 할아버지는 매일 아침 버릇처럼 사립문 앞에 나와 시내를 내려다 보는 것이 취미였습니다. 넓고 큰 가슴에 덥석 안겨 올 것 같은 경아 때문이었습니다.

"경아야! 지금 어디에서 무엇을 하고 있느냐? 살았느냐, 죽었느냐?"

골선방 할아버지는 다리에 힘이 차츰 빠져나가는 것을 느끼며 겨우 지팡이에 의지해 서 있었습니다.

"경아야! 이젠 너를 기다릴 만한 힘이 없구나, 지금 어디서 무엇을 하고 있느냐?"

그날 아이들은 학교에서 돌아와 골선방 할아버지의 집으로 우르르 달려갔습니다.

누구 한 사람 찾아오지 않는 산비탈 초가집에서 골선방 할아버지를 내려다 보고 슬퍼하고 있는 것들은 할아버지가 아끼고 사랑하던 예쁜 부채들뿐이었습니다.

〈동화〉

꼭두쇠

1.

어름산이(줄꾼)가 커다란 부채를 들고 줄 위에서 나비처럼 나풀거리며 뜀을 뛰고 있습니다.

"깨갱 깽깽, 깨갱 깽깽

지이잉 바박 바박 박박"

꽹과리 소리, 징 소리에 맞춰 금방이라도 하늘로 훨훨 솟아오를 듯 가느다란 줄 위에서 떨어지지 않고 재주를 부리고 있습니다.

마을 어린이들은 오돌오돌 떨면서도 겁먹은 눈을 어름산이로부터 떼려고도 하지 않고 연방 눈썹만 껌벅이고 있습니다. 어른들도 손에 땀을 쥐며 바라 보고 있습니다.

"휘이휘이 잘도 난다."

밑에서 어름산이를 바라보고 있던 어릿광대(매호씨 어름산이와 말을 주고 받는 사람)가 고함을 치자,

높이 높이 올라야, 고향도 보고 꿈도 꾸지."

어름산이가 큰 소리로 맞장구를 칩니다.

"에헤야 잘도 난다."

어릿광대가 신바람이 나서 다시 소리를 지릅니다.

"잘도 날아야, 돈도 벌고 집도 사지."

어름산이와 어릿광대가 서로 주고받는 말이 더욱 사람들의 마음을 끌리도록 했습니다.

"얼러루루 잘도 난다."

어릿광대의 말은 끝이 없습니다.

"아들 녀석 기다린다. 어서어서 집에 가자."

어름산이의 말도 끝이 없습니다.

어름산이와 어릿광대가 신바람이 나서 떠들고 있을 때 덕이는 고깔을 깊숙이 눌러쓰고 잽이의 어깨 위에 올라서 너울너울 춤을 추었습니다.

어름산이는 바로 덕이의 어머니입니다. 그래서 덕이는 더욱 신바람이 나게 춤을 추는 것입니다.

덕이가 무동이 된 것은 네 살 때의 일이었습니다. 무동은 어른들의 어깨에 올라서서 풍물에 맞추어 춤을 추는 아이입니다.

무동이 된 덕이는 남사당의 제일 웃어른인 꼭두쇠와 줄타기의 우두머리인 어름산이를 따라 전라도 어느 곳이든 가보지 않는 곳이 없었습니다. 그래서 덕이는 무동이 되었고, 이젠 이 남사당에서는 없어서는 안 될 재주꾼이 되었습니다.

요즘은 남사당이라고 하는 굿패들을 구경할 수가 없지만 옛날엔 많은 수가 있어서 마을마다 돌아다니며 사람들을 즐겁게 했습니다. 겨우 하나 남은 남사당인 이 굿패가 지금까지 놀이를 계속할 수 있었던 것은 덕이의 아바지인 꼭두쇠와 어머니인 어름산이 때문이었습니다.

그때만 하더라도 곡마단이나 신파 극단에 쫓겨 자칫하면 뿔뿔이 헤어졌을 남사당이 그대로 쉰 명이 넘는 식구들이 함께 움직이고 있는 것은 귀신들도 깜짝 놀랄 정도의 꼭두쇠와 어름산이의 재주 때문이었습니다.

꼭두쇠의 재주는 전라도 지방에서는 아무도 당해낼 사람이 없었습니다. 남사당이 자랑하는 풍물놀이 중의 하나인 상쇠잽이(꽹과리를 치는 사람의 우두머리)에서 버나놀이(접시나 쳇바퀴를 앵두나무로 돌리는 놀이), 살판(땅재주, 오늘 날의 텀블링과 같은 놀이) 등 아무도 그의 재주를 따를 수가 없었습니다. 또 덧뵈기(탈놀이)에서도 그의 솜씨는 대단했습니다. 꼭두쇠가 하지 못하는 것이 있다면 어름놀이라고 하는 줄타기뿐이었습니다.

마음 같아선 줄타기도 많이 해서 꼭 어름산이가 되고 싶었지만 이젠 다 틀린 일이었습니다. 이젠 마음도 몸도 너무 늙었기 때문이었습니다.

꼭두쇠는 자기가 못한 일을 아들인 덕이에게만은 꼭 시키고 싶었습니다. 그러나 이상하게도 아들인 덕이는 아버지의 마음과는 달랐습니다. 그까짓 팽과리나 치고 접시나 돌리고 어름놀이나 하는 것은 삐리들이나 하는 소꿉놀이라고 생각하고 있었습니다.

삐리는 남사당패 중에서도 나이 어린 꼬마들입니다. 덕이도 아직 삐리를 벗어나지 못한 무동에 지나지 않았지만 마음은 항상 잽이들보다 더 많은 재주를 가진 꼭두쇠처럼 거드름을 피웠습니다.

덕이가 남사당놀이를 싫어하는 마음은 갈마동에서 굿판이 끝나고부터 더욱 그러했습니다. 갈마동에서 굿판을 벌이기 위해 꼭두쇠와 곰뱅이쇠가 마을 이장인 꺽다리에게 무릎을 꿇고 굽신굽신하는 꼴이 너무 미웠기 때문입니다. 더구나 그런 꼭두쇠와 곰뱅이쇠의 간곡한 청에도 이장은 한마디로 거절을 해 버린 것입니다.

며칠 동안이나 놀이를 하지 못했기 때문에 가뜩이나 먹을 것도 못 먹고 지칠 대로 지친 굿패들은 그만 기가 꽉 막혔습니다.

잽이는 잽이들대로, 삐리는 삐리들대로 서로 얼굴만 맞대고 여름 한낮 강아지들처럼 축 늘어져 있었습니다.

얼마 동안 서산으로 넘어가는 붉은 노을만을 바라보고 있던 꼭두쇠는 무슨 결심이라도 한 듯 입술을 깨물며 자리에서 벌떡 일어났습니다. 마을 어른들을 찾아가 사정 이야기를 하며 저녁이라도 먹게 해달라고 거지처럼 죽는 시늉을 다했습니다.

덕이는 기가 막혔습니다.

그리고 지난번 마치골에서 어린 거지에게 밥도 주지 않고 쫓아 버렸던 일이 생각나서 얼굴이 화끈거렸습니다.

"아버지, 그만 가요."

"……."

"우리 싹 죽어 버려요."

"……."

"배고픈 놀이는 해서 뭘 해유?"

마을 어른은 보기가 쑥스러웠는지 이맛살을 찌푸리며 굿판을 벌일 것을 허락했습니다.

덕이는 이 날부터 완전히 딴사람이 되었습니다.

드디어 굿판이 벌어졌습니다. 팽나무거리 널따란 놀이터에 달이 둥실 떠오르자 횃불이켜지고 농악놀이가 시작되었습니다.

"깨갱 깨갱 깽깽 깨갱 깨갱 깽깽, 구궁 구궁 캉캉"

인사굿이 끝나자 상쇠놀이, 벅구놀이, 징놀이, 북놀이 등의 순서로 굿판은 신바람이 났습니다. 굿을 하는 사람도, 굿을 보는 사람도 모두 한데 어울려 춤을 추기 시작했습니다.

꼭두쇠의 꽹과리 치는 손이 물레방아처럼 돌고 있었습니다. 열두 발 상모가 어두운 밤 하늘을 뱀처럼 꿈틀거리고 있었습니다. 삐리들이 잽이들의 어깨 위에서 하늘하늘 옷자락을 펄럭이며 신바람이 납니다.

그때 덕이 눈에 언뜻 보인 것은 지난번 그 거지 아이였습니다. 틀림없이 지난번 마치재에서 만난 거지였습니다. 덕이의 마음은 이상하게도 죄를 지은 사람처럼 가슴이 쿵덕쿵덕 방아를 찧기 시작했습니다.

"그 거지 아이가 어떻게 여기까지 따라왔을까? 그 아이는 거지가 아니라 천사인지도 몰라."

덕이는 굿판을 빠져나와 팽나무 밑으로 갔습니다.

거지 아이가 씩 웃었습니다.

"자아식, 왜 따라온겨?"

"……."

"거지 주제에……."

"뭐, 거지?"

"그럼 천사인겨?"

"그럼 거지 왕잔겨?"

"난 우리 어머니를 찾아다닌단 말야."

거지 아이는 옷차림과는 달리 말씨도 또릿또릿 여간 영리하지 않았습니다.

꽹과리 소리가 끝나자 버나놀이가 시작되었습니다. 가느다란 앵두나무 막대기 위에서 뱅글뱅글 돌고 있는 쟁반이 용케도 땅에 떨어지지 않고 잘도 돌아갔습니다.

마을 아이들에겐 버나놀이가 제일 신기했습니다. 아이들은 모두 집에 가면 꼭 한번 해보고 싶은 놀이라고 생각하고 있었습니다.

버나잽이는 덕이 또래의 계집애였습니다. 란이라고 하는 아이였습니다. 어린 잽이가 하는 재주여서 사람들은 손뼉을 쳤습니다.

어름산이가 줄 위로 올라가자 사람들은 손에 땀을 쥐었습니다.

커다란 부채를 들고 한 바퀴 바람을 일으킵니다. 어름산이, 덕이의 어머니였습니다. 거지 아이의 눈이 번쩍 빛났습니다.

오뚝이처럼 조금도 움직이지 않고 손발 하나하나를 유심히 보고 있습니다.

"니 이름이 뭔겨?"

"……."

"니 이름이 뭐냐니께?"

"풍"

"풍?"

"몇 살이나 먹은겨?"

"열한 살."

"어매, 나하고 동갑이야."

풍은 좀처럼 어름산이로부터 눈을 돌리려고 하지 않았습니다.

"풍? 이름이 요상허네."

"바람 풍, 풍이란 말야."

덕이는 풍이 싫었습니다. 덕이 또래의 삐리들과는 달랐기 때문이었습니다. 덕이 생각대로 풍은 다른 삐리들과는 달랐습니다. 또 거지도 아니었습니다.

떵떵거리는 부잣집 외아들이었습니다. 하나밖에 없는 부잣집 외아들이어서 아버지와 어머니의 마음은 온통 풍뿐이었습니다.

뜰에는 살구나무가 있고 배나무, 감나무가 있는 큰 집에서 살고 있습니다. 벚꽃이 피고 동백꽃이 담장 안으로 흐드러지게 동굴을 이루고 있는 집이었습 니다.

그런 풍에게 덕쇠가 귀엣말로 무엇인가 이야기를 들려 준 후로는 풍의 행동이 전과 같지를 않았습니다.

한낮에는 제 방에서 꼼짝도 하지 않고 누워서만 있었습니다.

작년 여름의 일이었습니다. 풍이 열병에 걸려 누워 있을 때 일입니다. 어머니는 조바심이 생겨 잠도 자지 않고 풍의 병간호에 온갖 정성을 쏟았습니다. 그런 어머니가 친어머니가 아니라는 것은 말도 되지 않는다고 생각하는 풍이었습니다.

덕쇠의 거짓 장난인지도 모른다고 생각하는 풍이었습니다.

풍은 도무지 무엇인지를 알 수가 없었습니다.

"풍을 낳은 어머니가 덕쇠 말대로 어느 남사당패의 어름산이라면 지금쯤 어디에서 무엇을 하고 있을까? 덕쇠의 말이 정말일까? 그렇다면 인자하신 아버지는 어떻게 해서 어름산이와 만나 나를 낳았다는 말이냐."

도무지 알 수가 없습니다.

아버지와 어머니, 어머니와 아버지. 아무리 생각해도 덕쇠가 한 말은 거짓말일 것만 같았습니다. 그렇지만 풍의 의심은 시간이 갈수록 더해 갔습니다.

어느 날 저녁이었습니다. 마침 식구들이 모두 한자리에 모여 있었습니다.

"아버지, 나를 낳은 어머니가 누구예요?"

"……."

"우리 어머니는 곡마단이지요?"

"아니! 너, 무슨 소리를 하고 있는 거야?"

느닷없는 풍의 말에 온 집안 식구들은 모두 얼음 조각처럼 싸늘하게 굳어졌습니다.

풍은 그날 집을 나왔습니다.

풍을 낳은 어머니가 남사당패의 어름산이라는 말만 믿고 집을 나선 것입니다.

이름이 무엇인지, 어떻게 생겼는지, 나이는 얼마나 되었는지 풍은 알지 못했습니다.

남사당패들은 어느 한 곳에만 머물러 있지를 않았습니다.

오늘은 이 마을, 내일은 저 마을로 떠돌아 다니면서 굿판을 벌이게 되는 것입니다. 그래서 남사당패를 찾는다는 것은 쉬운 일이 아니라는 것도 잘 알고 있습니다.

풍은 어떤 일이 있어도 친어머니를 찾아야겠다는 생각뿐이었습니다.

어른들 말에 따르면 남사당패는 경기도 안성, 충청도 당진, 전라도 강진, 경상도 진양등에서 놀이를 하고 있다고 했습니다.

풍은 전라도 쪽으로 가기로 마음먹고 강진으로 가다가 우연히 마치재에서 남사당 놀이꾼들과 만나게 된 것이었습니다. 그러나 그날은 어름산이놀이를 볼 수 없었으므로 뒤를 따라 이곳 갈마동까지 오게 된 것이었습니다.

풍의 눈은 어름산이의 줄 타는 모습을 샅샅이 훑어 내리듯 손끝 발끝까지 곤두세우고 있었습니다.

풍의 마음은 지금 바들바들 떨고 있었습니다.

"저 어름산이가 만약 나를 낳아 준 어머니라면 어떻게 해야 할까?"

풍은 놀라 토끼처럼 가슴을 할딱거리고 있습니다.

바람이 몽땅 빠져 버린 고무 풍선마냥 흐물흐물 꺼져가는 것 같기도 했습니다.

"풍아, 뭘 그렇게 열심히 본다냐?"

"으응, 저 어름산이 정말 줄 잘 타지?"

"그려, 그 어름산이가 우리 엄니여."

"뭐? 너의 어머니라고?"

"그렇다니께."

풍은 깜짝 놀랐습니다.

혹시나 하던 생각이 그만 깡그리 무너져 버렸기 때문이었습니다.

분명 그 어름산이는 풍의 어머니가 될 수가 없었습니다.

"허허, 자네 지금 어딜 가나?"

"어딜 가긴 어딜 가, 돈 벌러 가지."

"돈 벌어서 무엇에 쓰려고?"

"아들 녀석 옷도 사고, 책도 사야지."

줄 위에 있는 어름산이와 줄 밑에 있는 어릿광대가 주고받는 말이었습니다.

풍은 실망과 희망이 엇갈리고 있었습니다.

오히려 어머니가 아닌 것이 다행스럽기까지 했습니다.

풍이 그리던 그런 어머니가 아니었기 때문이었습니다.

어름산이는 풍이 생각하는 어머니에 비하면 너무 꾀죄죄하고 보잘것이 없었습니다.

"덕아, 니 여기 있었구나?"

"……."

"우리, 엄니여."

"안녕하세요?"

"니가 누구냐?"

"엄니, 야 내 친구 풍이여."

"니 친구?"

"야, 불쌍한 애여, 즈네 엄니 찾으러 다닌다, 걸뱅이 해 가지고 말이여."

덕이는 귀여운 동물을 데리고 장난이라도 하듯 자랑을 늘어놓았습니다.

"즈네 어머니가 어딨간디 찾아다닌다냐?"

"야네 엄마도 어름산이랴."

"어름산이?"

어름산이의 눈이 반짝 빛났습니다.

"집이 어디여?"

"전주."

"그래?"

어름산이는 머뭇머뭇하다가 굿패들 쪽으로 갔습니다.

달이 휘영청 밝은 밤이었습니다.

쓰르라미 소리가 쓰르르 쓰르르 들려왔습니다.

이제 얼마 안 가면 추운 겨울입니다.

남사당패는 겨울이 제일 무서웠습니다.

먹을 것이라도 넉넉하게 있는 겨울이면 그런대로 걱정 없이 지낼 수 있지만 그렇지도 못한 겨울에는 굶기가 일쑤입니다.

겨울엔 아무래도 굿판을 벌일 수가 없기 때문에 자연 재주를 익히거나 장작을 팔기도 합니다.

꼭두쇠는 많은 식구를 먹여 살려야 하기 때문에 벌써부터 걱정이 백두산만큼이나 큽니다.

꼭두쇠는 그래도 다른 놀이꾼들에겐 그런 기색을 절대로 보여서는 안 된다고 생각하는 것이었습니다.

놀이꾼들에게 걱정하는 마음이 없어야 놀이를 잘할 수가 있기 때문입니다.

놀이를 잘해야 사람들을 즐겁게 할 수 있습니다.

이튿날 놀이꾼들은 다른 굿판을 찾아 갈마동을 떠나야 합니다.

"풍아, 넌 어떻게 할래?"

어름산이가 매우 걱정스런 표정으로 풍을 보고 물었습니다.

풍은 아무 대답도 하지 못하고 먼 산만 바라보고 있었습니다.

"너, 혹시 우리와 같이 가고 싶으니?"

"예."

풍은 마치 그 말을 기다렸다는 듯이 깡충깡충 뛰고 싶었습니다.

놀이꾼들도 풍이 마음에 들었습니다.

"임마, 집에서 공부나 할 일이지, 뭐 때문에 고생을 사서 하려고 그러지?"

덕대 아저씨가 걱정을 했습니다.

이제 또 하나의 삐리가 생겼다고 아이들은 어쩔줄을 몰라했습니다.

2.

삐리가 맡은 일은 덕이와 같이 무동입니다.

어른들의 어깨 위에 올라가 꽹과리, 장구 소리에 맞추어 춤을 추는 일입니다.

처음엔 무섭고 힘이 들었지만 몇 번 연습을 한 뒤론 그리 어려운 일이 아니었습니다.

남사당패는 한 사람도 빈둥빈둥 놀 수가 없었습니다.

아주 갓난아이 빼놓고는 모두 굿판의 한 놀이씩 일을 맡아야 했습니다.

삐리들은 삐리들대로 할 일이 다 있었습니다.

삐리들 또래 중에는 란이가 가장 고된 일을 하고 있었습니다.

고된 일을 하긴 했지만 란이는 잽이었습니다. 버나잽이었습니다.

같은 또래의 아이들보다는 재주가 뛰어났습니다.

란이는 덕이 또래의 계집아이 었습니다. 그런데도 일찍 재주를 익혔기 때문에 잽이가 된 것입니다.

란이의 희고 가느다란 손바닥 위에서 접시가 뱅글뱅글 도는 것입니다.

쳇바퀴도 돌고 앵두나무 막대기도 돌고 대접도 돌았습니다.

무슨 물건이고 앵두나무 막대기 위에다 올려 놓기만 하면 떨어지지 않고 잘도 돌았습니다.

언제 그렇게 훌륭한 솜씨를 갖게 되었는지 풍은 이해할 수가 없었습니다.

어른들은 란이를 퍽 귀여워했습니다.

꼭두쇠와 어름산이도 란이를 제일 예뻐했습니다.

어린 나이에 버나잽이가 된다는 것은 그리 쉬운 일이 아니었기 때문입니다.

굿판에서라도 란이는 특별한 존재였습니다.

으레 몇 푼씩의 수고비를 따로 준 사람이 많았기 때문입니다.

사실은 이 남사당패에 끼는 사람은 한 가지 재주는 다 가지고 있습니다. 그렇지 않으면 항상 천덕꾸러기가 됩니다.

제 몫을 못하고 밥이나 축낸다 해서 미움이 여간 아닙니다. 그래서 천덕꾸러기는 결국 일행 중에서 붙어 있질 못하고 떠나는 신세가 되는 것입니다.

일행 중에서 삐리라곤 이제 덕이와 아홉 살인 멍구, 그리고 풍이뿐입니다.

란이는 같은 또래의 아이인데도 삐리라고 하지 않았습니다. 한 가지 재주를 가진 잽이가 되었기 때문입니다.

덕이는 란이와 같은 나이인데도 삐리라는 이름이 붙어 다니는 것은 그만큼 재주를 익히는 데 게으름을 피웠기 때문입니다.

좀처럼 솜씨가 늘지 않는다고 퉁바리를 맞았습니다.

꼭두쇠 아버지와 어름산이 어머니만 믿고 연습에 항상 남의 뒤에만 따라가는 처지가 되었습니다. 그래서 고작 어른들 어깨 위에서 춤이나 추는 무동에 지나지 않았습니다.

갈마동에서 굿판을 벌인지 꼭 엿새째 되는 날 양학골에서는 곰뱅이가 텄습니다.

이 마을은 비록 산골이긴 했으나 대대로 내려오는 부잣집과 가문 좋은 집안이 많이 있어서 굿판은 한결 흥겨웠습니다.

풍도 처음으로 무동놀이를 했습니다. 기쁨과 두려움으로 뒤범벅이 되었던 마음이 즐거움과 희망으로 들뜨게 된 첫 무동놀이였습니다.

양학골 동구밖 귀목나무 거리에 줄타기할 줄이 매지고, 꼭두각시놀음을 할 포장막과 버나놀이를 할 장치가 착착 마련되었습니다. 살판 놀이와 덧뵈기 놀이를 할 멍석도 깔았습니다.

저녁밥을 마치고 밤이 되자 마을 사람들은 횃불이 밝게 타오르는 느티나무 아래로 하나 둘 모이기 시작했습니다.

꼭두쇠의 꽹과리 소리가 밤하늘로 울려 퍼지자 기다리고 있던 꽹과리, 징, 장고, 벅구가 일제히 요란한 소리를 내기 시작했습니다.

뻬리들은 어른들의 어깨 위에서 긴 소매를 펄럭이며 춤을 추었습니다.

풍은 신바람이 났습니다.

난생처음으로 굿패의 한 사람이 되었다는 것과 남을 즐겁게 하는 일에 끼였다는 것이 여간 재미있는 일이 아니었습니다.

사람들은 모두 뻬리들의 귀여운 춤 솜씨에 눈이 떨어지지 않았습니다.

그중에서도 유독 풍의 모습이 돋보였습니다.

꼭두쇠가 일러준 대로 잘해냈기 때문입니다.

풍은 그동안 무동놀이 연습도 열심히 했지만 꽹과리 치는 일도 열심히 했습니다.

꼭두쇠의 무서운 눈 때문에 그런 것만은 아니었습니다.

열심히 해서 란이처럼 멋진 재주를 가진 잽이가 되고 싶었습니다.

꼭두쇠는 벌써 나이가 예순이 넘었습니다. 마음도 몸도 이젠 할아버지였습니다. 꽹과리를 치고 벅구 놀이를 하려면 힘이 있어야 합니다. 꼭두쇠는 이미 그런 힘이 없었습니다.

자꾸만 손의 힘이 빠져 가고 몸도 쇠잔해져서 이젠 꽹과리 잡기가 겁이 났습니다. 그래서 꼭두쇠는 항상 자기의 뒤를 이어 꼭두쇠가 될 사람을 걱정하고 있었습니다. 풍의 꽹과리 치는 솜씨가 예사롭지 않자 꼭두쇠의 마음은 여간 반갑지가 않았습니다.

꼭두쇠는 많은 식구를 거느려야 하는 우두머리입니다. 우두머리가 되려면 적어도 몇 가지의 놀이는 남보다 훨씬 뛰어나야 합니다.

재주뿐 아니라 우두머리다운 용기와 힘도 있어야 합니다. 수벅구인 용칠이는 힘이 세고 재주는 있으나 다른 사람들로부터 존경을 받지 못하는 것이 흠이었고, 반대로 덕대는 놀이꾼들에게 존경을 받고는 있으나 특별한 재주가 없는 것이 못마땅했습니다. 또 박수는 농악이며 버나 · 땅재주에는 나무랄 데가 없었지만 너무 욕심이 많아 항상 다른 사람과 말다툼이 많았습니다.

매호씨(어릿광대)를 잘 아는 외팔이는 말을 잘해 남을 잘 웃기기는 했지만 워낙 몸이 약해 누워 있기가 일쑤여서 꼭두쇠가 되기에는 맞지 않았습니다. 꼭두쇠의 걱정은 그것뿐이 아니었습니다. 힘이 없어 꽹과리를 치지 못하는 천덕꾸러기가 될 것이 뻔했기 때문이었습니다.

풍은 버나놀이나 덧뵈기놀이보다는 꽹과리를 잘해 상쇠가 되고 싶었습니다. 상쇠는 농악놀이에서 으뜸가는 재주를 가져야 했기 때문에 더욱 상쇠가 되고 싶은 것이었습니다.

란이가 버나놀이를 하거나 덧뵈기놀이를 할 때 멋지게 꽹과리 소리를 들려주고 싶었습니다.

그러나 풍은 어름산이가 되었다는 어머니만 만나면 그만인 것입니다. 그런 풍을 잽이들은 무척 귀여워해 주었습니다.

"제까짓 것이 무엇인디, 벌써부터 잽이가 된 것처럼 으스대는기여…."

풍이 잽이들의 귀여움을 독차지하자 덕이는 심술이 나서 못 견딜 지경이었습니다.

꼭두쇠와 어름산이의 아들이라 해서 남을 깔보기 잘하고, 재주를 익히는 데도 게으름을 피웠던 덕이에겐 풍이 더욱 미웠습니다. 더구나 꼭두쇠인 아버지나 어름산이인 어머니까지도 풍이만 예뻐하고 귀여워하기 때문에 더욱 화를 참지 못하고 심술만 부리는 것입니다.

"니 내 말 안 들으면 안 좋다이."

"무슨 말인데……."

"오늘부터 니는 딴 방에서 자야."

덕이가 아니꼬운 눈초리로 풍을 쳐다보았습니다. 풍은 말없이 덧뵈기꾼들이 자고 있는 곳으로 갔습니다.

탈놀이하는 덧뵈기꾼들은 모두 나이들이 많아 풍에겐 아저씨들 같아 좋았습니다. 덧뵈기꾼들 중에서 샌님과 노친네가 풍을 귀여워해 주었습니다. 덧뵈기꾼들은 어머니와 아버지가 계시는 곳으로 가라고 매일 성화였습니다.

어엿하게 부모가 있는데 그까짓 보잘것없는 남사당을 따라 다녀서 무엇을 하겠냐는 것입니다. 상쇠가 되고, 버나잽이가 되고, 살판놀이를 잘하면 무엇을 하겠냐는 것입니다. 그렇지만 풍은 이상하게도 남사당놀이판이 좋았습니다.

쳇바퀴를 돌리고 땅재주를 하고 부채로 하늘을 훨훨 나는 줄타기가 좋았습니다. 이 마을 저 마을 돌아다니며 어린이들이 좋아하는 재주를 마음껏 보여 주고 싶었습니다. 그래서 풍은 어머니를 찾는다는 생각도 깡그리 잊어버리고 있었습니다.

덕이 어머니인 어름산이가 어쩌면 자기 어머니인지도 모른다고 생각하는 것이었습니다. 그런 어머니의 곁을 풍은 떠나고 싶지 않았습니다. 희고 고운 손으로 접시를 돌리는 란이를 보지 않고는 견딜 수가 없을 것만 같았습니다.

"야, 이젠 느네 집으로 가버려."

"……."

"즈네 엄마 찾으러 간다면서 왜 자꾸 따라 다니는 기여."

덕이가 심술이 나서 하는 말입니다.

"난 가지 않을 거야. 어머니 찾는 것도 그만둘 거야."

"그럼 언제까지나 여기서 살겨?"

"그려, 잽이가 될 때까지 여기서 살판이야."

풍은 덕이의 말이 못마땅하다는 듯이 밖으로 나가 버렸습니다.

갑자기 덕이의 눈빛이 번쩍 빛났습니다. 당장이라도 한 대 후려갈길 듯이 주먹을 불끈 쥐었습니다.

억새풀이 하늘거리고 있었습니다. 들국화가 한창 앞을 다투어 피고 있었습니다. 산에는 감나무가 빨간 모습으로 서 있습니다. 풍이 처음 보는 아름다운 경치입니다.

작년 가을의 일입니다. 풍이 학교로 가려면 큰 감나무 밑을 지나야 합니다. 감나무가 있는 집에는 애란이라는 풍이 또래의 계집아이가 살고 있습니다. 풍이 학교에서 돌아올 때면 애란이는 감나무가 늘어진 담장에 서서 빨갛게 익은 감을 한 개씩 던져 주었습니다. 처음엔 받으려고 하지 않았지만 그 새하얀 예쁜 손 때문에 받지 않을 수가 없었습니다. 애란은 하루도 빼놓지 않고 꼭 시간을 지켰습니다. 감나무와 예쁜 소녀, 풍은 매일 애란이를 만난다는 가슴 설레는 즐거운 날이 좋았습니다.

희디흰 얼굴에 어쩐지 우수수 떨어지는 낙엽처럼 애잔한 모습의 소녀였습니다. 그런 애란이의 얼굴을 며칠간 볼 수가 없었습니다.

"애란이에게 무슨 일이라도 생긴 것일까? 몹쓸 병이라도 걸린 것일까? 먼 곳으로 이사라도 간 것일까?"

풍은 강아지마냥 한 군데 머물러 있지 못하고 자꾸만 쏘다니고 있었습니다.

그날 밤 애란이 집에서 굿판이 벌어지고 있었습니다. 애란이가 나쁜 귀신에 홀려 병이 난 것이라고 했습니다. 그래서 그 몹쓸 귀신을 쫓아내기 위해서 굿판을 벌인다는 것입니다.

"어허, 이 나쁜 귀신이 어딜 갔나 했더니 바로 여기 와서 있었구나! 난 모든 귀신을 다스리는 귀신 대왕이니라, 동방 귀신 대장 나오너라, 서방 귀신 대장 나오너라, 남방 귀신 대장 나오너라, 북방 귀신 대장 나오너라, 으흠, 다들 모였구나, 당장 이 나쁜 귀신을 멀리멀리 쫓아 버리고 애란이가 씻은 듯이 병이 낫게 하거라."

무당이 한바탕 큰 소리로 고함을 치자 꽹과리, 징, 장구가 기다렸다는 듯이 온 마을이 떠나라 하고 요란하게 울려 퍼졌습니다. 당장 귀신이 무서워 덜덜 떨며 달아나 버릴 듯이 요란한 소리였습니다.

풍은 정말 꽹과리 소리가 애란이로부터 몹쓸 귀신을 내쫓아 버릴 것이라고 생각했습니다.

작년 가을입니다.

양학골의 굿판은 처음과는 달리 아주 멋지게 끝나지는 못했습니다. 덕이 때문이었습니다. 덕이가 자꾸만 심술을 부렸기 때문이었습니다.

굿판에서 쓸 물건들을 덕이가 버렸기 때문이었습니다. 풍 때문에 심술이 난 것입니다. 그날 밤 덕이는 꼭두쇠에게 호되게 꾸지람을 들었습니다. 아무 곳에도 쓸 데가 없는 놈이라며 당장 나가버리라고 으박질렀습니다.

"아, 내가 잘못했어. 며칠만 있으면 난 집으로 갈 거야, 내가 가버리면 되잖아?"

"스르르르 쓰르르르"

쓰르라미가 한바탕 자지러지게 울었습니다.

덕이가 힘없는 얼굴을 하고 마을에서 걸어 나오고 있었습니다. 덕이의 얼굴에서 사람들은 이내 곰뱅이를 트지 못했다는 것을 알 수가 있었습니다. 놀이꾼들은 그만 실망과 피곤으로 자리에 털썩털썩 주저앉고 말았습니다. 그런 얼마 후 곰뱅이쇠가 헐레벌떡 뛰어오고 있었습니다.

"야! 곰뱅이 텄다."

곰뱅이 텄다는 말을 듣자 굿패들을 마치 죽었다 살아난 사람처럼 신바람이 나서 신바람이 나서 덩실덩실 춤을 추었습니다.

이내 꼭두쇠의 꽹과리 소리가 요란하게 사람들을 일깨우자 징, 장구, 북, 날나리가 일제히 소리를 터뜨리기 시작했습니다.

"깨갱 깨갱 깨갱
깽 깨갱 갱, 깽 깨갱 갱"

놀이꾼들은 농악을 울리며 마을로 의기양양하게 들어가고 있었습니다. 상공운님(꽹과리 중 상쇠를 맡은 사람)이 맨 앞에 서고, 바로 뒤에 징수님(징수 중에 우두머리), 그 다음에 고장수님(장구잽이 중 우두머리), 이어 북수님(북수 중의 우두머리), 회적수님(날라리와 땡각잽이의 우두머리), 상무동님(상모 돌리는 사람의 우두머리), 회덕님(앞소리꾼), 버나쇠(대접 돌리는 사람의 우두머리), 얼른쇠(요술쟁이 중의 우두머리), 살판쇠(땅재주꾼의 우두머리)가 차례로 서서 마을로 들어가는 것입니다.

놀이꾼들은 온 마을을 한 바퀴 돌며 각기 자기의 재주 하나씩을 선보이는 것이었습니다. 저녁에 모두 와서 구경하라는 뜻이었습니다.

명천동이라는 마을이었습니다.

마을 앞엔 맑은 냇물이 흐르고 있었고, 유독 고기 떼가 많이 놀고 있었습니다. 여름 한낮이면 마을 아이들이 모여 더운 여름을 씻어 내기에 좋은 마을이었습니다.

꼭두쇠가 오늘따라 신바람이 나는지 뜬쇠(여러 가지 재주놀이의 우두머리)들을 불러 놓고 멋진 재주를 보여 주자고 한바탕 큰 소리를 쳤습니다.

이윽고 꼭두쇠의 꽹과리가 자지러지게 소리를 지르자 일제히 풍물들이 고개를 길게 매고 꾸역꾸역 기어 나오기 시작했습니다. 꼭두쇠의 이마는 벌써부터 땀으로 뒤범벅이 되어 있었습니다. 꽹과리와 함께 산 주름진 이마에 많은 사람들의 희망과 즐거움이 물결치고 있었습니다.

꼭두쇠는 세 살 때 아버지와 어머니를 잃었습니다. 그리하여 남사당패에 어릴 때부터 들어와 자랐기 때문에 많은 재주를 익힐 수가 있었습니다. 열 살 땐 벌써 수벅구가 되어 있었고 열두 발 상모를 돌렸습니다. 그러나 요즈음은 그렇지가 않았습니다.

신파극이나 곡마단에 쏠려 사람들의 머릿속에서 남사당놀이는 점점 멀어지고 있는 것입니다.

이제 얼마 가지 않아 꽹과리 소리를 듣거나 열두 발 상모를 돌리는 것이 어려울 것이라고 꼭두쇠는 생각하고 있습니다. 그래서 꼭두쇠는 누구 한 사람이라도 재주를 익혀 오래오래 전해야 한다고 생각했습니다. 덕이와 풍에게 열두 발 상모 돌리기며 꽹과리 치는 법을 더욱 열심히 가르쳤습니다.

오늘은 덕이와 풍이가 열두 발 상모돌리기 재주를 겨루게 됩니다. 덕이가 서서히 꽹과리 소리에 맞춰 열두 발 상모를 돌리기 시작했습니다. 하얀 상모줄이 캄캄한 밤하늘을 뱅글뱅글 돌며 수를 놓았습니다. 덕이의 상모놀이가 끝나자 다음엔 풍이 차례가 되었습니다. 풍도 서서히 상모를 돌리기 시작했습니다.

사람들의 눈이 모두 풍에게 쏠렸습니다. 풍은 생각했습니다. 덕이보다 잘해서는 안 되겠다고 말입니다. 덕이가 꼭두쇠나 어름산이에게 또 꾸중을 듣게 할 수는 없었기 때문입니다.

상쇠를 가운데 두고 마당을 몇 바퀴 돌았습니다. 너무 서서히 돌았을까, 놀이꾼 한 사람이 '벅구야, 어서어서 돌아라.' 하며 격려를 했습니다. 그런데 이상한 일이었습니다. 상모 줄이 순간 움직이지 않았습니다. 꽹과리 소리와는 달리 네 박자나 헛바퀴를 돌았습니다. 다시 상모를 돌리려 했으나 이젠 헛일이었습니다. 상모가 돌아가는 박자에서 벗어났기 때문이었습니다. 풍은 슬슬 잽이들의 뒤로 들어가 숨어 버렸습니다. 상모 줄이 어디에 걸렸거나 누가 밟은 것이 틀림없습니다.

풍물놀이는 계속되고 있었습니다.

얼마나 지났을까 꽹과리 소리가 느닷없이 딱 그쳤습니다. 꽹과리를 치던 꼭두쇠가 땅바닥에 피식 넘어졌습니다. 너무 지쳐 있었기 때문이었습니다. 나이에 비해 너무 많은 일을 했기 때문입니다.

굿판은 끝났습니다. 굿패들은 꼭두쇠가 걱정되었습니다. 덕이가 꼭두쇠에게 불리어 간 것은 한참 후의 일이었습니다. 덕이를 남사당 법대로 볼기를 친다는 것이었습니다. 풍은 걱정이 되었습니다.

"왜 덕이의 볼기를 칠까, 꼭두쇠가 살아날 것 같지 않다고들 하는데……. 왜 죽으면서 아들의 볼기를 칠까."

이해할 수가 없었습니다.

남사당에서는 규율을 어기거나 잘못이 있을 경우엔 으레 벌로 볼기를 칩니다. 볼기를 치는 벌 외에 끼니를 굶기는 수도 있습니다.

'덕이는 어떤 잘못을 저질러기에 볼기를 맞는단 말인가?'

볼기를 치는 사람은 으레 벅구잽이가 맡습니다. 덕이는 벅구잽이에게 열 대의 볼기를 맞았습니다. 굿판에서 풍의 열두발 상모를 밟았다는 것입니다. 그래서 풍이 상모놀이를 제대로 할 수 없었다고 했습니다. 풍은 그때서야 비로소 굿판에서의 일이 생각났습니다. 그렇지만 이미 굿판은 끝이 났고 꼭두쇠는 죽음을 눈앞에 두고 있는데 꼭 그렇게 잘못을 가려 벌을 준다는 것은 알 수가 없는 일이었습니다. 덕이에겐 정말 얼굴도 제대로 들 수 없을 만큼 부끄러운 일이었습니다. 그날 밤 꼭두쇠는 끝내 숨을 거두고 말았습니다. 굿패들의 슬픔은 이루 말할 수가 없었습니다.

"이젠 우리 남사당도 끝장이 났어."

수벅구가 하는 말입니다.

"지금까진 그래도 꼭두쇠 때문에 아무 걱정 없이 지내왔는데 이젠 어떻게 한단 말인가?"

덜미쇠가 하는 말입니다.

"그렇지만 그냥 이대로 있을 수가 없잖아. 다음 꼭두쇠를 선출해야지."

뜬쇠들은 제각기 다른 생각들을 하면서도 꼭두쇠를 새로 뽑아야 한다고 말했습니다. 꼭두쇠는 뜬쇠 중에서 가장 많은 사람들에게 믿음이 있어야 합니다.

이튿날이었습니다.

풍이 남사당패에서 떠날 준비를 하고 있었습니다. 그때 덕이가 풍의 곁으로 왔습니다.

"풍아, 가지 마. 내가 잘못했어."

"아니야, 잘못한 것은 나야. 나만 떠나고 없으면 되는 것인데……."

"안 그래, 내가 잘못한 거야."

덕이의 말은 계속되었으나 풍은 어름산이에게로 갔습니다. 어름산이는 풍을 꼭 껴안고 울었습니다. 이젠 떠나면 다시는 만나지 못할 것만 같았기 때문이었습니다. 그때 뜬쇠들이 우르르 몰려왔습니다. 다음 꼭두쇠로 풍이를 뽑았다는 것이었습니다. 죽은 꼭두쇠의 소원이라고 했습니다.

풍은 그럴 수 없다고 했습니다. 그러나 남사당에 한 번 발을 들여놓으면 마음대로 할 수가 없다고 했습니다. 어름산이와 덕이도 좋아라 했습니다. 남사당패들은 새 꼭두쇠를 따라서 멀고 먼 길을 떠나고 있었습니다.

"깨갱 깨갱 깽깽, 깨갱 깨갱 깽깽

지이잉, 벅벅 지이잉, 벅벅"

| 발문 |

그는 고산식물 같은 사람이다

— 동화작가 서재균에 부치는 단상

김남곤

(시인)

아동문학가 서재균은 고산식물 같은 사람이다.

겨우 이 한마디 글머리를 꺼내놓고 밤낮없이 경우 빠지게 기승을 부리는 무더위에 시달려 그만 작동을 멈추고 말았다.

그런지 달포가 더 지났다. 달력을 들여다보니 내일 모레가 입추다. 그동안 게을러터져 손대지 못한 이런저런 잡동사니들을 대충 걷어치우고 나서 책상 앞에 앉았다. 창 너머로 스며드는 바람결이 제법 산들거린다. 눅눅한 기만 없어도 살 것 같은 마음이다.

이제는 작가 서재균과 나 사이 피차 어렵게 꺼냈고 어렵게 대답했던 약속을 지연시킬 어떤 핑계나 이유가 없게 되었다는 정황 앞에 정신이 바짝 들었다.

신아출판사 이종호 국장에게 전화를 했더니 출판을 앞둔 서재균의 산문집『멀고도 먼 길』의 가본을 보내왔다. 하마터면 내용의 본질을 크게 흐릴 뻔했다. 나는 무언가 몇 줄이나마 쓰기 전에 가본을 살펴보길 잘했다는 생각을 했다.

처음 내가 작가로부터 접한 이야기는 앞서 이승을 떠나간 몇몇 지인과 문인들에 대한 그리운 기억과 추억을 한데 엮어 내는 작업이라고 했다. 그렇게만 생각했더니 그게 아니었다.

작가가 말하는 앞서 간 문학평론가 김환태, 외우 황봉식, 문학평론가 오하근, 시인 조영희, 아동문학 조규화, 아동문학 오영환, 시인 이세일, 아동문학 김훈일, 아동문학 전이곤, 서양화가 박민평에 대한 정한뿐 아니라 유년의 고향 풍경과 문학 활동을 통해 간직하게 된 잊지 못할 추억담들이 연연하게 담겨 있었다. 수상집에 실린 그런 내용을 간파하지 못했더라면 단순하게 그가 이승에서 만났던 고인들을 회억하는 그리운 '애상집' 정도로만 여길 뻔했다.

서재균은 난리 나는 일이 아니라면 범사에 대해선 그렇게 구체성을 생략하고 말을 짧게 하는 사람이다. 산문집 가본을 먼저 살펴보았기 망정이지 나도 그의 절제된 화법에 갈피를 못 잡고 갈팡질팡할 뻔했다.

그는 고산식물 같은 사람이다. 고산식물이라는 말과는 뉘앙스가 다르다. 그를 고산식물이라고 단정 지으면 그에 대한 인식은 삼각형 사각형으로 고착될 수밖에 없을 것이다. 그래서 나는 그를 고산식물 같은 사람이라고 좀은 폭넓게 부르려고 한다.

태생지가 심산인 무주 안성면 명천리로 덕유산 아랫마을이다. 유년시절부터 산세가 높고 험준한 지리의 영향을 크게 받으며 유순하게 때로는 지악하게 살았을 것이다. 눈만 뜨면 이마 앞에 다가서있는 덕유가 그의 기개를 높이 치켰을 것이다. 심산에서 온갖 풍상을 겪으면서, 지근에서 생존하는 풀과 관목들이 작가 서재균의 성장과정에 생명의 끈질긴 근성과 티 없는 청정의 품성을 일깨워주었을 것이다.

그처럼 무구한 그의 천성을 더욱 배양시킨 전환점은 대전으로의 유학이라고 생각된다. 모두가 고난의 시기였던 1950년대 말 그 깊은 산골에서 누구의 거룩한 채찍과 학구열에 의해 대전사범에 진학할 수 있었는지 궁금한 일이다. 그 길을 갈 수 있게 해준 누군가의 혜안이 그가 오늘날 대도를 걷게 한 방향키였으리라 여겨진다. 앞장서서 깃발 들고 드러내지는 않지만 대쪽 같으신 한학자 조부님의 사랑 속에서 자란 작가는 허욕도 없이 참으로 맑고 고운 신심으로 매사를 폭넓게 관조하는 사람이다. 고산식물 위에 떨어진 이슬방울 같은 눈물이 가슴 안창에 고여 있거나 야성을 키운 칼바람 같은 의지를 숨기고 사는 사람이다.

김환태문학제전위원회 창립 위원장을 맡은 서재균은 해마다 문학제의 활성을 위해 동분서주하는 사람이다. 무엇이 마음먹은 대로 돌아가지 않으면 애간장을 녹이는 모습을 나는 곁에서 여러 번 보아왔다. 그 덕분에 행사는 해마다 애정의 꽃을 넉넉하게 피웠다.

그가 오하근의 문학비건립추진위원장을 맡고서도 그랬다. 마땅한 장소를 구하지 못해 발버둥을 쳤다. 아는 것들이 많아 항상 박물관이라고 불렀던 오하근이 하늘에서 내려다보며 우리들의 방황을 무어라고 하겠느냐며 미안해하기도 했다.

외우 황봉식이 갑자기 이승을 떠나자 서재균은 발길이 묶인 신세가 됐다. 사흘이 멀다 하고 차를 몰고 와서 동서로 남북으로 몰려다니던 꿀맛 같은 행로가 절단 나고 만 것이다.

이세일과는 또 어땠는가. 어느 해 전북문인협회 회장 선거에 출마했던 그는 서재균의 폭넓은 지지세를 하늘처럼 믿고 있었을 것이다. 비록 몇 표 차이로 패배하고 말았지만 이승을 떠날 무렵까지 그가 즐겨하던 선지국밥집을 함께 다녔다고 했다. 서재균은 그의 유고시집 서문을 나에게 부탁하기도 했다.

서재균은 조규화에 대해 늘 측은지심을 품고 있었다. 무슨 일이든지 도움을 주고 싶어 했다. 그래서인지 그가 잘 따랐다. 노래방에 들고 다니는 쪽지에는 단골 문인들의 18번이 빼곡히 기록돼 있었다. 서재균의 18번은 '돌아가는 삼각지' 김남곤의 18번은 '번지없는 주막' 김학의 18번은 '불나비' 이세일의 18번은 '황성 옛터' 등등이었다.

시인 조기호는 서재균에 대해선 생활기록부를 쓸 수 있을 정도로 잘 알고 있다고 말하고 싶겠지만, 나는 몇 십 년 동안 전북일보에서 그와 함께 동고동락한 사이라는 증거를 굳이 부인하지는 않을 것이다.

1970년대부터 만난 작가 서재균과 내가 기자 문인으로서 신문제작에 윤활유 같은 역할을 했을 뿐 아니라 전북의 문화예술발전을 위해 의기투합했던 한 시대의 젊은 열정은 두고두고 잊을 수 없는 일이다.

그는 전북일보 편집부장과 전라일보 논설위원, 편집국장, 전북도민일보 편집국장을 거쳐 수석논설위원을 끝으로 언론계를 떠났으나 재직 시 명편집자의 평을 들을 정도로 기사의 비중을 잘 판단하는 명석한 감각을 지닌 기자로 정평이 났었다.

나는 어디서나 대접 못 받는 주막집의 깍정이처럼 주량이 원체 적어서 바깥세상과는 활발하게 잘 어울리지 못했지만 서재균은 주량도 컸다. 기자 사회에서뿐 아니라 다양한 계층에 걸쳐 활동반경이 워낙 넓었기 때문에 발길에 차이는 게 주막집이요 좋은 친구들이었다.

지금도 시인 조기호와 서재균이 만나는 날이면 한 시대 주지酒池는 아니지만 술독을 헐고 다니던 이야기를 털어놓는다. 기상천외한 일들이 많아 노상 폭소가 터졌다. 그러던 그들이 이제는 가벼운 술잔도 들기가 무겁고 무서운 처지가 되고 말았다. 세월을 이기는 장사가 없다는 말이 그들에게도 딱 들어맞는 말이 되고 말았다.

실은 서재균이 그처럼 즐겨하던 술을 끊게 된 결정적인 계기는 2014년 4월, 순창나들이 길에서 발생한 교통사고였다. 그날 나는 내장사 방면으로 달리던 차중에서 서재균, 이목윤, 이종희(운전)에게 순창 복흥에서 점심을 먹고 그냥 전주로 돌아가는 게 좋겠다고 했다. 그러니까 모처럼 나왔다가 자연과 더불어 심호흡도 한번 제대로 못해보고 일정을 접자는 제의였다.

싱거운 나들이 길이 되고 말았지만 일행 중 누구 하나 언짢아하는 사람은 없었다. 은연 중 그렇게 하는 게 좋을 것 같다고 동의한 셈이었다. 각자 이유를 뚜렷이 밝히진 않았지만 무엇인가 모종의 불길을 감지하기라도 한 것일까. 우리가 정작

마의 순간으로 접어들게 된 것은 복흥 소재지를 지나칠 때까지 마땅한 밥집 간판이 보이지 않았다는 데 있었다. 차는 곧바로 순창 읍내를 향해 질주했고 어느 모서리 커브를 돌다가 그만 앞에서 달려오던 덤프트럭과 정면충돌을 하고 말았다. 그런데도 기이할 정도로 사태는 그다지 절망적이지 않았다. 그 참변으로 병원에 입원한 서재균은 금주 선언을 하기에 이른다. 그 의지가 참으로 입지전적이었다.

나는 작가 서재균의 고향을 여러 차례 들른 적이 있다. 마을 앞에는 노송들이 우거져 있고 마을을 거슬러 올라가면 산 밑에 원통사라는 절이 있고 마을을 관통하는 맑은 도랑물이 넘치는 청정한 마을이었다. 그러길래 이름도 명천리이지 싶었다. 나는 언젠가 '명천리明川里 음吟'이라는 한 편의 시를 남겼다.

> "적상산赤裳山 치맛자락/ 가치家峙 지나/ 송치松峙/ 송치 지나/ 명천리/ 재균宰均 형은/ 노란 두건을 쓰고/ 천리 밖 봄비 속으로/ 아가 부르며 달려온/ 어머니의 희디흰 머리카락을/ 손빗 시리도록 가르고 있더이다"

어머님이 이승을 하직한 날이었다. 상중의 마당 분위기는 경건하고 무거웠지만 떠들썩했다. 그날 내놓은 국수 맛의 일품을 지금도 입에 올리는 옛 동료들이 많다. 그날의 애도를 오래 기억하게 하는 따뜻한 인간애와 교우관계의 진정성은 그의 천성의 우러남일 것이다.

그는 고향에 대한 애정이 유난히 깊다. 교사생활의 시발점은 고향인 무주였다. 소년기를 대전의 유학으로 보냈고 이어진 군생활로 고향을 잠시 뒤에 묶어두었을 뿐, 그의 천진스런 성정과 원초적 문학정서는 오로지 유년시절부터 고향에서 다져진 것으로 보인다. 물론 대전 사범에서 시인 한성기를 만난 것도 큰 자극제가 되었겠지만 전주에서도 신석정 시인을 만났고, "이 책을 노벨문학상을 거절한 사르트르에게 준다."라고 오만하게 선언했던 〈신창작〉과 〈문예가족〉 동인 활동 등 그의 문학적 소양과 패기의 싹이 청소년 시절부터 반짝였다고 생각된다.

그러한 근거는 그가 때때로 더듬어서 펼쳐놓는 유년의 아침 이슬 같고, 아침 햇살 같고, 아침 풀잎 같은 이야기 모두가 동시의 세계 같고 동화의 나라 같기 때문이다. 나는 가끔 생각날 때마다 배꼽 빠지게 웃음이 나오는 나의 동시 한 편을 떠올린다. 2018년에 펴낸 동시집 〈선생님이 울어요〉 가운데 '누가 우리 염소에게'라는 동시는 서재균이 평소 들려준 고향 이야기를 살짝 훔친 작품이다.

"시골학교 가는 길에/ 파란 싹이/ 뾰쪽 웃고 있어요/ 햇살도 귀엽다며 포근포근/ 쓰다듬고 있어요/ 그런데/ 큰 일이 벌어졌어요/ 건너 마을에 사는/ 시꺼멓게 생긴 염소주인이/ 팔을 걷어 붙이고/ 입을 실룩거리며 길을 막고 있어요/ 느놈들 가운데/ 어느 놈이/ 새끼 밴 우리 염소에게/ 손가락질을 했어?/ 그놈 이리 나와 봐/ 예쁜 동화 짓는/ 서재균 할아버지가/ 옛날 고향이야기 들려줄 때마다/ 우리들은 오금이 저려/ 그 앞을 살금살금 기어갔어요."

나는 이 동시의 구절 가운데 "느놈들 가운데 어느 놈이 새끼 밴 우리 염소에게 손가락질을 했어? 그놈 이리 나와 봐"라는, 이 호된 꾸지람이 어린 서재균의 뇌리에 쏙 박혔다는 것은 단순히 기억 능력의 우수성을 입증하는 이야기라기보다 문학성을 예증하는 그의 상상력의 세계라고 볼 수 있을 것 같다.

새끼 밴 염소에 대한 손가락질은 불룩하게 솟아있는 배에 대한 신기함과 놀라움일 것이고 주인이 길을 막고 화를 낸 것은 새끼 밴 염소에 대해 혹시 생길지도 모를 부정한 일의 염려였을 것이다. 그런 기억을 지금까지도 생생하게 떠올리고 있는 서재균은 틀림없이 동화작가로서의 기질을 천부적으로 타고났지 싶다. 소년소설 〈골선방 할아버지〉 등, 그의 주옥같은 작품들이 수많은 어린이들의 꿈 밭을 기름지게 하고 있음이다.

전북아동문학회 창립고문과 국제PEN한국본부이사, 한국아동문학회 부회장, 1996년 전북문인협회 회장을 역임했으며 한국아동문학 작가상과 김영일 아동문학상, 글 사랑 아동문학상, 전북문화상, 동리문학상, 목정문화상, 작촌문학상, 전북문학대상을 수상하는 등 한국아동문학 발전에 크게 기여하고 있다.

여기서부터는 글의 흐름길을 바꾸어서 나와 서재균의 본격적인 해후에 대해 이야기하고자 한다. 1973년 6월 1일이다. 그날은 전북일보와 전북매일, 호남일보, 3사가 통합, 전북신문이란 제호 아래 첫 출근을 하는 날이다. 정부의 통합 방침에 의한 타의적 조직 구성이었기 때문에 몹시 침울하고 어수선한 분위기였다. 어떤 눈빛으로 어떤 심정으로 서로 상견례를 했는지 기억하고 싶지도 않은 날이었다.

3사가 통합과정에서 경영진들과의 숱한 갈등이 빚어졌기 때문에 기자들 사이에서도 서먹서먹한 기류가 한동안 지속되었다. 그러나 기자사회의 이질감은 그렇게 오래 가지 않았다.

그 뒤 전북일보로 다시 제호가 변경되고 1980년대말 전라일보와 전북도민일보가 발행될 때까지 서재균과 나는 젊음의 한 시대를 전북일보에서 함께 호흡했다. 그는 주로 편집을 했고 나는 문화부 소속으로 교육계에 출입했기 때문에 활동의 시공이 다소 달랐으나 인간적 신뢰감이 돈독했고 퇴임 후에도 언론인이자 문학의 동지로서 이 시대를 바라보는 비평의식은 물론 문단 발전을 위한 뜻에 힘을 모으고 있다.

서재균과 나의 만남은 언론계에서의 만남보다 훨씬 이전인 1958년쯤으로 뒤돌아 가면 그때에 불발된 해후의 실마리가 아쉽게 되짚어지는 사연 하나가 있다. 내가 적상국민학교에 1년쯤 강사로 있을 때 서재균이 은사를 찾아 교장실에 들렀었다는 이야기를 먼 훗날 들은 적이 있다. 그가 삼방국민학교에 재직할 때였다. 그 당시를 회상하는 서재균의 이야기를 들어본다.

"어느 토요일이었습니다. 오늘은 안성집에 가는 날이기도 해서 아이들을 일찍 돌려보내고 삼방에서 적상 삼거리(버스승강장)까지 나왔습니다. 국민 학교 때 담임선생님이셨던 김병수 교장선생님이 생각났습니다. 무조건 적상국민학교 교장실로 들어갔습니다. 무엇인가 쓰고 계시던 선생님이 반갑게 맞아주셨습니다."

"어, 서 선생 오랜만이야. 그래 선생님 하기는 어떠신가?"

그때 교장선생님은 어떤 아이 하나를 불렀습니다.

"얘, 3학년 교실에 까서 김남곤 선생님 교장실로 좀 오시라고 해요."

"선생님, 교실에 안계시데요."

"어디 가셨나? 우리 학교에도 문학하시는 선생님이 한 분 계시는데 ."

"아, 김남곤 선생님이요? 문학하는 선생님? 언젠가 〈현대문학〉을 옆에 끼고 부서진 담장을 넘어 학교로 들어가는 모습을 본 일이 있어요."

"맞아, 그 선생님이야."

60여년이 넘은 그의 기억은 너무나도 생생했다.

그때 서재균이 어이! 하고 나를 불러주었더라면 우리는 적상과 삼방 사이를 오가는 파랑새가 됐을 텐데. 서재균은 왜 그렇게도 숫기가 적었는지. 그래서 나에게 그는 화학적 반응도 물리적 변화도 없기로는 예나 지금이나 여일한 천심으로 사는 '고산식물 같은 사람'으로 호칭하고 싶은 것이다.

나는 언젠가 서재균 오하근과 함께 황봉식의 차를 타고 그리운 삼방에 가본 적이 있다. 그가 어린이들의 꿈을 키운 메아리가 사는 깊고 깊은 산골이다. 그가 안성 고향집에 갔다가 버스를 타고 적상에서 내려 산모퉁이를 돌아 한 50분쯤 걸어가야 삼방이 비친다. 삼방으로 걸어가고 오는 길에서 그의 동심의 꿈은 무지개처럼 피어났을 것이다.

내가 주섬주섬 적은 이 글은 그의 수상집 〈멀고도 먼 길〉과는 상관이 없는, 절친 외우에 부치는 단상에 지나지 않는다. 이런 기회가 아니라면 내가 언제 한 번 작가 서재균과 함께 이 시대를 살면서 얽히고설킨 이런 이야기를 나눌 수 있겠는가.

나는 서재균이 '전주밥상'에서 거의 날마다 만나는 조기호, 최상영 시인의 틈서리에 가끔 끼일 때가 있다. 그런 날은 보약을 한 사발 들이킨 것 같은 기분이 들곤 한다. 나의 이 무딘 붓끝이 서재균에 대한 서사의 만분의 일에도 미치지 못하겠거니와 행여 누가 되는 부위가 있을까 걱정이 태산일 따름이다. 그래서 이쯤 정중하게 붓을 놓는다.

서재균 산문집

멀고도 먼 길

인쇄 2021년 9월 9일
발행 2021년 9월 14일

지은이 서재균
발행인 서정환
발행처 신아출판사
주소 전라북도 전주시 완산구 공북1길 16
전화 (063) 275-4000, 252-5633
팩스 (063) 274-3131
이메일 sina321@hanmail.net
출판등록 제465-1984-000004호
인쇄 • 제본 신아출판사

ISBN 979-11-5605-957-8(03810)
값 15,000 원

Printed in KOREA